# COSPLAY

À tous ceux que j'aime…

Ouvrage dirigé par Franck Spengler et Pierre Humeau

**Photographies :** © Andy Julia
www.andyjulia.com
**Direction artistique :** Eugénie Chidlin
**Textes et propos recueillis par :** Eugénie Chidlin
**Maquillage :** Anna Telia et Shad Pysson
**Assistants photos :** Jonathan Touati et David Pflieger

**Conception graphique :** Stéphanie Aguado
**Corrections :** Jacqueline Lasry et Ginette Patenaude


38, rue La Condamine, 75017 Paris
www.hugoetcie.com

ISBN : 9782755607055
Dépôt légal : février 2011
Imprimé en France (PPO)

EUGÉNIE CHIDLIN
PHOTOGRAPHIES D'ANDY JULIA

# COSPLAY

Hugo&Cie

# sOmmaire

**Personnage :** Suok. **Titre de l'œuvre :** Three Fat Men. **Catégorie :** Conte/création. **Modèle :** Suok. **Porté lors de :** Japan Expo 2007

# Une histoire d'ailes…

J'ai découvert le cosplay en 2006, lorsque mon frère m'a téléphoné au milieu de la nuit pour me proposer de l'accompagner à *Japan Expo* le matin même. J'étais chez des amis, et je manquais terriblement de sommeil. L'idée de me lever aux aurores (ce qui revenait purement et simplement à abandonner tout espoir de dormir) un samedi pour aller à une exposition dont je n'avais jamais entendu parler ne m'arrachait pas spécialement des cris de joie. Il a pourtant insisté – chose qui ne lui est absolument pas commune –, arguant que je pourrais m'habiller *absolument* comme je le désirerais. Après que mes promesses de m'affubler de bas résille et d'oreilles de lapin (puis de bas résille sur des oreilles de lapin) ne lui eurent arraché qu'un rire sarcastique, je menaçai de mettre la paire d'ailes d'ange que j'avais achetée peu avant Noël, lui jurant ainsi de lui faire honte jusqu'à la dixième génération.

Ce sur quoi il ricana une fois de plus et me dit simplement ce mot :

– Chiche.

Que peut-on répondre quand votre frère vous dit « chiche » à trois heures du matin ? Se rendormir ? Accepter sa propre défaite et se l'entendre répéter pendant des mois entiers ? Non… tous ceux qui ont vécu cette bataille perpétuelle pour la suprématie entre frères et sœurs comprendront que je n'avais qu'une réponse à donner.

Une seule.

– Chiche.

C'est une fois sur place que je me suis rendu compte (une fois de plus) de l'ampleur de l'esprit tordu et machiavélique de mon frère : je n'étais pas la seule à être affublée d'ailes, loin de là !

Non seulement il y avait des anges aux ailes majestueuses en comparaison desquelles les miennes faisaient bien pâle figure, mais également des elfes, des sorciers, des magiciens, des robots, des princesses… et bien plus encore ! Comme si toutes les élucubrations étaient permises, comme si tous les styles et toutes les époques s'étaient réunis au même endroit…

J'avais à peine fait deux pas à l'intérieur de la convention qu'une femme me demandait si je participais au concours de cosplay…

**Le cosplay, quel drôle de nom !**

Lorsque j'ai entendu ce mot pour la première fois, j'avoue avoir eu envie de répondre « à vos souhaits », tant ce mot ressemble à une onomatopée. En réalité, non seulement c'est un mot à part entière, mais c'est la contraction de *deux* mots : « costume » et « playing »… autrement dit l'art de jouer en costume. Mais pas dans n'importe quel costume – et c'est ce qui fait toute la différence avec le simple déguisement –, car il s'agit de confectionner soi-même et jusqu'au moindre détail le costume du personnage que l'on choisit d'incarner.

Cette pratique, créée originellement aux États-Unis par les fans de *Star Wars* et de *Star Trek*, a connu une grande expansion au Japon puis en Europe.

La France est particulièrement touchée par le phénomène qui, souvent associé – à tort – exclusivement à la culture asiatique, connaît près d'une trentaine de conventions par an sur le seul territoire français, dont la moitié seulement sont des Japanims (conventions portant principalement sur la culture japonaise et asiatique), organisant entre autres des concours de cosplay.

**Pourquoi un livre sur le cosplay ?**

Je voulais montrer à quel point le cosplay est un art à part entière. Un art complexe, vivant, protéiforme, en constante évolution… et, par-dessus tout, en constante ébullition.

Un art où l'on devient tour à tour concepteur, costumier, scénographe et acteur de son propre rôle.

Or les médias ont longtemps propagé une image fausse des cosplayeurs, les montrant comme des adolescents attardés ou des adultes en marge de la société, fans de manga et de violence, passant le plus clair de leur temps à jouer à des jeux en ligne dans un univers virtuel idéalisé, et à fabriquer des costumes en carton-pâte. Bien qu'il se soit énormément démocratisé ces dernières années, le cosplay reste encore une activité incomprise et marginale pour la plupart des gens. En tant que cosplayeuse, je trouvais qu'il était grand temps de tordre le cou aux idées reçues…

**Pourquoi seulement des filles dans ce livre ?**

Je voulais montrer une vision très personnelle du cosplay. Une vision qui m'est proche. Ce livre n'a pas pour vocation de faire le tour d'horizon du paysage du cosplay français qui, bien qu'extrêmement riche et vaste, ne m'est pas encore assez familier pour que j'éprouve l'envie d'effectuer un travail de recensement. J'ai eu la chance de travailler avec les cosplayeuses qui, sans le savoir, m'ont inspirée et m'ont aidée à faire mes premiers pas dans le cosplay. En parcourant leurs sites, je ne cessais de m'émerveiller devant leur aptitude au changement, à la métamorphose. Pour un peu, on ne les aurait pas reconnues d'un personnage à l'autre… C'est ce que je désire montrer dans ce livre. La capacité d'être mille femmes en une. De présenter mille et une facettes, mille et un visages. Bien entendu, c'est une vision très subjective du cosplay, vision qui a pu prendre vie grâce au talent d'Andy Julia…

**Pourquoi avoir fait appel à un photographe de mode, étranger au milieu du cosplay ?**

J'ai une grande admiration pour le travail d'Andy Julia, pour la douceur et la volupté qui émane de son œuvre. On « entre » dans ses photos comme on entrerait dans une toile, où chaque image semble raconter une histoire. Or, c'est exactement ce qu'est le cosplay, du moins à mes yeux. Une bulle onirique hors du temps, une invitation à la rêverie…

Cela fut assez magique de travailler avec Andy. Voir quelqu'un traduire ma vision intérieure en images est assez impressionnant.

**« Suok », c'est un nom, ça ?**

Dans ce livre, chaque modèle apparaît sous son pseudonyme de cosplayeuse. Le mien est tiré du conte révolutionnaire *The three fat men* de Yuri Olesha, conte qui a bercé mon enfance. Cette histoire était de loin ma préférée. Il y est question de Suok, une petite fille qui travaille dans un cirque et qui se voit contrainte d'entrer dans le château des « trois gros hommes » en se faisant passer pour une poupée, afin de délivrer un dissident condamné à mort. Je n'ai jamais oublié cette image de la toute petite fille blonde à bouclettes, affublée d'une robe rose à froufrous, faisant irruption dans les cuisines royales avec un pistolet dans chaque main, aux côtés d'un géant roux furibond... Suok, la petite poupée, avait donc autant de courage et de force que cet homme aux muscles d'acier ! Petite, je n'ai jamais joué à être une princesse. Je jouais à être Suok, la poupée mercenaire !

# Les premiers pas

### Choisissez un personnage qui vous ressemble

C'est bien entendu la solution la plus simple lorsque l'on débute dans le cosplay. Que ce soit physiquement – posséder la même couleur et la même coupe de cheveux évite d'avoir à s'acheter une perruque, par exemple – ou psychologiquement, la ressemblance au personnage que l'on choisit d'incarner permet un « effet d'immersion » immédiat ! Évitez les défis (changement de couleur de peau, de taille, port d'accessoires trop lourds) lors de votre coup d'essai, cela limitera les mauvaises surprises !

### Commencez par un costume facile à réaliser

Pas la peine de se lancer dans la confection d'une robe à crinoline lorsque l'on n'a aucune base en couture. Cela risque de se terminer en catastrophe et de vous couper l'envie de recommencer. Il vaut mieux un costume simple mais bien réalisé plutôt qu'un costume ambitieux avec un effet visuel catastrophique ! Si la couture vous fait vraiment peur, vous pouvez toujours faire un cosplay placard. Même si avec ce genre de costume vous ne pourrez participer aux concours, cela vous laissera le loisir d'incarner votre personnage dans les allées de la convention.

### N'hésitez pas à demander de l'aide

Ne restez pas seul dans votre coin à vous demander où acheter une perruque pas chère ou comment réaliser un patron. Vous trouverez plein de bons conseils sur Cosplay Forum, où vous pourrez trouver des tutoriels, des accessoires d'occasion et où vous pourrez recruter des personnes tout aussi passionnées que vous pour créer vos groupes de cosplay !

### Choisissez bien votre tissu

Sans pour autant vous ruiner en brocarts de soie, évitez les tissus qui brillent, se froissent au moindre mouvement ou s'effilochent sur les bords : leur effet visuel est désastreux sur les photos. Un cosplay réussi est avant tout un cosplay réalisé avec du tissu de qualité !

### Le jour J, assurez-vous que vous n'avez rien oublié

En plus du costume, de la perruque et des accessoires, prévoyez du fil, une aiguille, de la colle et des épingles de nourrice. Ils sont indispensables dans les vestiaires pour une retouche de dernière minute. Si vous êtes mineur, n'oubliez pas l'autorisation parentale pour passer sur scène.

### Évitez les anachronismes

Une princesse qui déambule dans les allées en baskets, un démon qui envoie un SMS avec son téléphone portable, une sorcière avec un sac à provisions... autant d'anachronismes à éviter lorsque l'on porte son cosplay en public. Sur scène comme dans les allées, vous faites partie du spectacle. N'entachez pas la crédibilité de votre personnage à cause de détails stupides !

### Regardez et admirez !

Vous avez passé du temps sur votre costume et sur votre prestation... n'oubliez pas que les autres participants en ont fait autant ! Ne restez pas focalisé sur votre personnage au risque de passer à côté de costumes plus surprenants les uns que les autres, de prestations drôles, émouvantes ou loufoques, de cosplayeurs qui rivalisent d'imagination et d'ingéniosité pour partager leur passion avec le public. Les conventions sont un monde à part où le jeu continue même lorsque l'on descend de scène, et où voir est aussi enrichissant qu'être vu !

Créatures évanescentes sorties
d'un rêve brumeux de soie,
dans l'écheveau fin des odeurs
d'absinthe et des vapeurs d'opium
langoureusement mêlées à leurs cheveux,

# SpEctacular !
# SpectAcular !

Le chapiteau se pare
de ses plus beaux attraits,
l'heure du spectacle a sonné…

# Freak Show

**Personnage :** Jessica Albert. **Titre original :** Dragon Quest VIII : Journey of the Cursed King. **Catégorie :** Jeu vidéo. **Modèle :** Minako. **Porté lors de :** Paris Manga 2007, Epita 2007, Epita 2008, Chibi JE 2009 , Micromania Game Show 2009. **Prix :** 1ère place dans la catégorie Groupe à Paris Manga 2007, 2e prix spécial au Micromania Game Show 2009.

Dans le cosplay, comme au cirque – monde du spectacle par excellence –, tout est fait pour créer un sentiment de facilité. Pas question de montrer à quel point les ailes sont lourdes, le corset serré, l'armure étouffante. Les créatures défilent avec une grâce et une légèreté déconcertantes, maniant le fouet et l'éventail avec la même dextérité.

Certains mettent l'accent sur le *rôle-playing*, d'autres sur leur minutie à réaliser leur costume dans les moindres détails, mais c'est certainement de la fusion de ces deux éléments que résulte la formule ultime du cosplay, c'est-à-dire la capacité à être *in-character*, autrement dit à entrer dans la peau de son personnage…

C'est ainsi que l'on peut voir se côtoyer des créatures d'univers oniriques tout à fait étrangers les uns aux autres : qu'elles proviennent de dessins animés, de mangas, de la littérature classique, de films, d'artbook, de fanarts ou de jeux vidéos, elles ont toutes une raison d'être.

Personnifications vivantes de personnages sortis *ex nihilo* de la pensée créatrice, êtres hybrides, mythiques, créatures improbables, tendres, adorables ou cruelles, vaporeuses, torturées, perdues dans les brumes millénaires des fantasmes de l'Homme, les voilà réunies le temps d'un battement d'ailes, scintillantes, virevoltantes, attirées par la lumière des projecteurs comme autant d'insaisissables et éphémères lucioles sorties tout droit d'un songe, un fol et improbable songe… d'une nuit d'été.

**Personnage :** Chibi Usa Special. **Titre original :** Sailor Moon. **Catégorie :** Artbook. **Modèle :** Clef. **Porté lors de :** Paris Mangas 2006. **Prix :** catégorie groupe.

**Personnage :** Satine. **Titre de l'œuvre :** Moulin Rouge. **Catégorie :** Film. **Modèle :** Laly. **Porté lors de :** Game in Paris 2007. **Prix :** 1er prix costumes catégorie groupe.

**Personnage :** Zatanna Zatara. **Titre de l'œuvre :** Hawkman. **Catégorie :** Comics. **Modèle :** Lee Naa.

**Personnage :** Doll. **Titre original :** Black Butler/Kuroshitsuji. **Catégorie :** Manga. **Modèle :** Sikay. **Porté lors de :** Japan Expo, WCS 2009, Paris Manga 2010 Rencontres officielles WCS 2010. **Prix :** 1er prix groupe à Paris Manga.

**Personnage :** Harley Quinn. **Titre de l'œuvre :** Batman. **Catégorie :** Comics. **Modèle :** Misia.

**Personnage :** Oluha (version rouge). **Titre original :** Clover de Clamp. **Catégorie :** Manga. **Modèle :** Nikita. **Porté lors de :** Japan Expo 2009. **Concours :** Concours Clamp. Défilé Japan Expo spécial 10 ans. **Prix :** Prix Satsuki Igarashi (membre des Clamp qui a décerné son coup de cœur). **Temps passé à la confection :** 1 mois et 1 semaine.

# SATINE

**Laly :** Connaissant ma passion pour le film *Moulin Rouge* et ses costumes, Judikaël m'a proposé de monter un groupe. Elle savait que je rêvais de faire le costume de Pink Diamond depuis des années.

« En regardant le film, je me suis aperçue qu'il existait deux versions du Pink Diamond :

« Sur la première, on peut voir des strass et des cristaux, mais pas de chaînettes entre les deux cœurs sur la poitrine. Satine (Nicole Kidman) la porte lorsqu'elle chante.

« La deuxième version ne comporte pas de strass (seulement des cristaux), mais possède plusieurs chaînettes entre les deux cœurs sur la poitrine. Satine porte cette version de Pink Diamond lorsqu'on la ranime dans la loge - une erreur de raccord que personne n'a dû remarquer.

« J'ai opté pour la première version… »

# DOLL

Qui est réellement Doll ?

Une poupée au regard glacé et au cœur de pierre ?

Un jeune homme amical et souriant, toujours prêt à rendre service ?

Ou bien une adolescente amoureuse qui dissimule les traces d'un passé atroce sous une coiffe de roses blanches...

Après tout, peu importe.

C'est une funambule hors pair. Sa démarche gracieuse semble défier les lois de la gravité et chaque numéro est un défi lancé à la mort elle-même.

Lorsque, chaque soir, les bras gracieusement tendus vers quelque invisible chimère, la tête haute et le visage impassible, elle se retrouve au-dessus du vide, se rend-elle compte que le fil sur lequel elle déambule est celui de sa vie ?

Derrière elle, les souffrances, la douleur...

Autour, le néant...

Doll a donné sa vie au cirque, c'est son refuge, son univers. S'il venait à s'écrouler, elle-même n'aurait plus aucune raison d'être. Si elle hésite, trébuche ou dévie de sa trajectoire, c'est la mort assurée.

Alors, elle se redresse et regarde loin, droit devant elle.

Et elle avance courageusement, sans un regret, sans un regard en arrière, car elle sait que c'est le seul droit chemin, la seule voie à suivre.

Loin, bien au-dessus des gradins, de la fanfare de l'orchestre ou de la clameur du public, elle exécute son numéro aussi parfaitement que si sa vie... ne tenait qu'à un fil.

## OLUHA

**Nikita :** Le costume est présenté en noir et blanc dans le manga, mais il semble évident au premier coup d'œil que cette robe doit être rouge – couleur ultime de la sensualité – avec des roses rouges et des sequins brodés pour être une vraie robe de scène. Une robe de la passion.

## CHIBI USA SPECIAL

**Clef :** J'adore Sailor Moon et puis, comme c'est un lapin, elle me ressemble, forcément !

# JESSICA ALBERT

**Minako :** Un jour, je suis tombée par hasard sur une image de Jessica sur le net, et j'ai eu un coup de cœur pour son costume ! J'ai tout de suite adoré le design avec son côté « simple et clean », le petit serre-taille qui rend le tout un peu plus sophistiqué, les couleurs chaudes, les couettes rousses, et le côté légèrement sexy de l'ensemble.

Plus tard, j'ai acheté le jeu, et c'est en jouant que mon amour pour le caractère du personnage s'est décuplé. Ce qui m'a bien entendu encore plus incitée à la cosplayer.

# ZATANNA ZATARA

# HARLEY QUINN

**La reine des mauvaises farces**

La belle Harleen Quinzel a plus d'un (mauvais) tour dans son sac. La vie de cette jeune psychologue bascule le jour où elle tombe amoureuse de l'un de ses patients à l'asile d'Arkham. Malheureusement, ce patient n'est autre que le Joker, l'ennemi juré du célèbre Batman. Afin de suivre son amour dans ses (més)aventures, elle endosse le costume d'Harley Quinn (qui n'est pas sans rappeler celui d'Arlequin, cette figure type du bouffon tiré de la commedia dell'arte), laissant ressortir le côté foldingue de sa personnalité. Dotée d'un sens de l'humour aussi particulier que celui du Joker, elle utilise des armes toutes plus « drôles » les unes que les autres… qui font rarement rire ses ennemis.

# Tea Party

## Éloge de la folie

Il n'y a pas meilleur exemple du pouvoir créatif de la folie dans la littérature enfantine qu'*Alice aux pays des merveilles*. Sans doute nourrit-elle l'imaginaire de la petite fille sage enfouie en chacune de nous. La petite fille qui a envie de s'affranchir du carcan étroit de la société pour régler le sort du monde à sa manière.

Alice découvre des créatures toutes plus loufoques les unes que les autres, mais ne sortent-elles pas tout droit de son imagination ? Ne sont-elles pas l'objet de ses rêves, autrement dit de ses fantasmes ?

Le fait est qu'Alice est si ancrée dans notre imaginaire qu'elle s'est hissée au rang d'archétype jungien dans l'inconscient collectif. Au même titre que la femme-enfant et que la mère-nourricière, Alice devient une figure archétypale à part entière.

Elle représente l'enfant face à ses peurs et à ses doutes, mais également la force de la puissance créatrice, la femme en devenir, autrement dit la petite fille qui quitte le confort de l'enfance pour passer dans le monde attirant mais incompréhensible de l'âge adulte.

**Personnage :** Lapin. **Titre original :** Miyuki-Chan In Wonderland. **Catégorie :** Animé. **Modèle :** Misia. **Porté lors de :** 2002.

**Personnage :** Iron Mouse. **Titre original :** Sailor Moon. **Catégorie :** Artbook. **Modèle :** Clef.

**Personnage** : Alice. **Titre original** : Alice au pays des merveilles. **Catégorie** : Fanart. **Modèle** : Suok.

**Personnage** : Chapelière. **Titre original** : Alice au pays des merveilles/Disney. **Catégorie** : Dessin animé/Crossplay. **Modèle** : Laly.

**Personnage** : Cheshire Cat. **Titre original** : Miyuki-Chan In Wonderland. **Catégorie** : Animé. **Modèle** : Lee Naa.

– Un joyeux non-anniversaire !

– À moi ?

– À vous !

Soufflez très fort
sur la bougie
et le vœu
s'accomplit !

*Alice au pays des merveilles*, Disney (Chanson du non-anniversaire)

– Chat !
Chat !

– Vite, mettez-lui de la confiture sur le bout du nez !

## SOURIS IRON MOUSE

**Clef :** J'ai réalisé ce costume avec l'aide de Laly exprès pour le livre. On me dit toujours que je ressemble à une souris (ou à un lapin). Iron Mouse était donc le rôle parfait pour moi.

## CHELSHIRE CAT

## Alice

**Suok :** Pour incarner le personnage d'Alice, j'ai délibérément choisi de m'éloigner de la célèbre version de Disney. Premièrement, parce que Clef, qui à l'origine devait tenir le rôle d'Alice dans l'album, a réalisé une version Disney absolument parfaite. Deuxièmement parce que je voulais donner à mon Alice un côté quelque peu ambigu. Elle n'est plus la petite fille perdue dans ses rêves mais plutôt la jeune femme dépassée par ses fantasmes…

**Personnage :** Sumire-chan. **Titre original :** Miyuki-Chan In Wonderland. **Catégorie :** Animé. **Modèle :** Laly. **Porté lors de :** Harajuku – Festival Delcourt en 2005, Taifu Festa 2005. **Prix :** 2e prix de costumes, catégorie groupe à Taifu Festa.

# FLEUR SUMIRE-CHAN

**Laly :** Harajuku a été la bonne occasion de porter le costume de Sumire-Chan. Étant donné que cette convention avait lieu dans les jardins de Bercy à Paris, faire des photos d'un personnage censé représenter une violette au milieu d'un jardin fleuri m'a semblé idéal... sans compter qu'il a fait un temps magnifique ce jour-là. Je l'ai ensuite reporté à Taifu Festa dans un groupe où Misia tenait le rôle du lapin.

# CHAPELIÈRE

**Laly :** J'ai réalisé ce costume spécialement pour la séance photos de l'album. C'est en quelque sorte un crossplay basé sur le personnage du chapelier fou de Disney. Un vrai défi que de porter ce costume de papy et cette coiffure de cinglé, mais il nous fallait un chapelier pour avoir une *Tea party* digne de ce nom, et puis, voir la tête de Suok quand je lui ai dit que j'allais le faire, ça n'avait pas de prix ! J'ai adoré porter ce costume et faire les petites touches personnelles pour le rendre sexy et féminin, tout en gardant l'esprit du design original de Disney.

10/6

# Carte

**Minako :** J'avoue ne pas avoir vu du tout cette série de Clamp, mais quand on est cosplayeuse, on fouine beaucoup, et il arrive de craquer sur le design d'un personnage complètement inconnu ! Le costume traînait donc dans mes dossiers de projets depuis un moment, quand des amies ont décidé de faire un petit groupe et m'ont demandé si je ne voulais pas les rejoindre... Au niveau de la Carte en elle-même, j'ai « inventé » la mienne. En effet, sur les images on voit toujours les mêmes, mais leur chiffre et leur perruque (seuls éléments distinctifs, car le costume est le même pour toutes) ne me tentaient pas. J'ai donc créé mon personnage en choisissant volontairement la perruque noire et le rouge à lèvres laqué assorti au vinyle du costume, afin de lui donner un petit côté pin-up. En tout cas, j'ai vraiment adoré ce costume, il est très agréable à porter. C'est un de ceux qui m'est revenu le moins cher et qui m'a pris le moins de temps à réaliser, et pourtant, il a rencontré un gros succès, c'est même un de mes costumes qui a le plus plu, comme quoi...

**Personnage :** Card girl ou 8 de Carreaux
**Titre original :** Miyuki-Chan In Wonderland.
**Catégorie :** Animé. **Modèle :** Minako. **Porté lors de :** Japan Expo 2006, Festival du jeu vidéo 2006, Asiatic Cosplay aux Galeries Lafayette 2008

# Lapin

Le cosplay est le meilleur moyen d'apprivoiser le temps. Pour réconcilier une bonne fois pour toutes le monde adulte et celui de l'enfance…

# KaWaii

Robes aux couleurs pastel, oreilles d'animaux, (de préférence petit lapin ou petit chat ; c'est plus mignon !), envolées de jupons... bienvenue dans l'univers rose et sucré du kawaii !

*Kawaii,* qui signifie mignon en japonais, a dépassé depuis une dizaine d'années le stade du simple adjectif pour devenir un vrai phénomène de société dans la culture japonaise. Les mangas regorgent de ces personnages attendrissants aux yeux démesurément agrandis, et on en redemande !

C'est que, loin des talons aiguilles menaçants et des démarches chaloupées propres aux femmes fatales, les personnages kawaii rappellent la douceur et l'innocente fragilité de l'enfance, nourrissant le fantasme nabokovien de la nymphette à peine formée.

Le cosplay *kawaii,* plus que n'importe quelle autre forme de cosplay, permet d'entrer dans une forme de régression assumée et d'oublier l'espace d'un instant la grisaille du monde adulte.

## *Kawaii*/définition :

Mignon, adorable. (à prononcer : « ka-wa-ii »)

La culture pop japonaise regorge de personnages *kawaii*.

La fille *kawaii* est de préférence petite, à la peau d'une blancheur d'albâtre et aux yeux démesurément agrandis.

**Un phénomène de société**

Le phénomène *kawaii* – qui depuis une dizaine d'années est devenu tellement populaire dans la culture japonaise que chaque marque possède dorénavant sa mascotte *kawaii* – a réellement prit son essor dans les années 80.

À présent tout est – ou est susceptible d'être – kawaii : habits, gadgets, nourriture, démarche ou manière de parler.

***Uso ! Honto ? Kawaii !***

*(Sans blague ! Vraiment ? C'est trop mignon !)*

Dans les années 80, les jeunes filles japonaises ponctuaient régulièrement leurs conversations par ces trois mots, de sorte qu'elles furent surnommées les *san go zoku* (« groupies-trois-mots »).

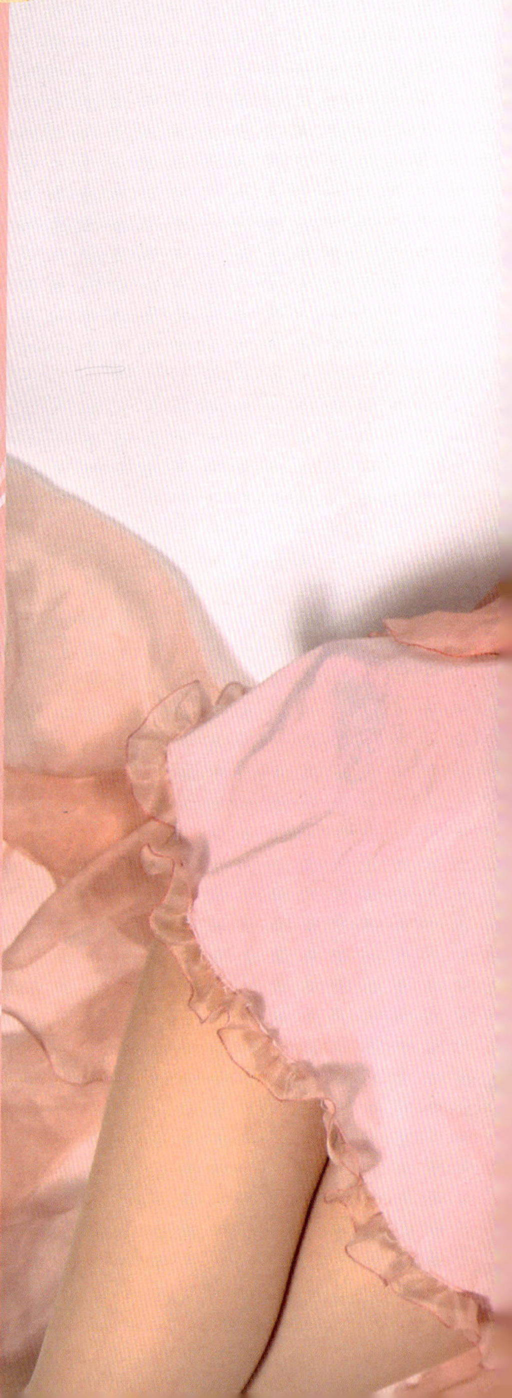

**Personnage :** Chii. **Titre original :** Chobits.
**Catégorie :** Manga/animé. **Modèle :** Suok.

# CHII

Personnification de la naïveté et de l'innocence absolue, Chii n'est pourtant pas humaine. C'est un « persocom », un robot à forme humaine trouvé et activé par le jeune Hideki Motosuwa... qui se rend très vite compte que ce robot a un petit défaut : il ne sait absolument rien faire, à part dire « Tchii ! ». Commence alors une longue et touchante éducation...

**Les délicieux *artbooks* de Sakizou**

Même le cosplay connaît ses modes. Cette année, ce sont les illustrations de Sakizou qui font fureur dans le milieu du cosplay français. Figures *kawaii* à part entière, les personnages de Sakizou ne sont pas sans rappeler les *BJD*, ces poupées entièrement articulées qui nous viennent du pays du soleil levant. Des sucreries aux parfums, en passant par les bijoux, chaque cosplayeuse trouvera son bonheur parmi les nombreux thèmes délicieusement féminins qu'aborde l'illustratrice.

# ROULEAU JAPONAIS



**Personnage :** Rouleau japonais. **Titre de l'œuvre :** Sakizou art book. **Catégorie :** Art Work. **Modèle :** Nikita.

**Personnage** : Amethyst. **Titre original** : Sakizou Artbook. **Catégorie** : art work. **Modèle** : Laly.

# AMETHYST

# Magical Girls

Dans les années 80, la Cinq, une chaîne française disparue en 1992, diffusait des dessins animés que les petits chanceux, qui ne restaient pas à l'école à l'heure du goûter, regardaient en mangeant leurs tartines de confiture juste avant de commencer leurs devoirs.

Il y avait *Les Chevaliers du Zodiaque et Olive et Tom* et pour les garçons (que toutes les filles regardaient aussi et ne s'en cachaient pas) et *Creamy merveilleuse Creamy* ou *Emi magique* pour les filles (que tous les garçons regardaient et s'en cachaient toujours).

Toutes ces adorables Creamy, Emi, Julie, Suzy et autres Gigi (tout un tas de « i ») envahissaient littéralement la cinquième chaîne durant l'émission *Youpi ! L'école est finie !*, étaient un pur héritage de la lignée des *Magical girls*, un terme inventé par le studio de production Toei Animation dans les années 70 pour désigner toute jeune fille possédant des pouvoirs magiques.

**De la chenille au papillon**

Créés par le studio Pierrot, les personnages d'Emi et de Creamy voient le jour quasiment au même moment, *Emi magique* faisant écho au succès retentissant de *Creamy merveilleuse Creamy*.

Ici, pas question de sauver le monde ! Yu et Mai, les deux petites filles de dix ans, se transforment en adultes afin de pouvoir réaliser leurs souhaits les plus chers. Si Creamy évolue dans le domaine de la chanson, Emi reste, quant à elle, attachée au domaine de la magie, mais toujours dans le but de réaliser son rêve d'enfance : devenir une star.

Grâce à la magie, plus la peine d'attendre des années pour devenir une belle jeune femme et faire tourner la tête à l'élu de son cœur ! Inutile également de passer par la case « adolescence », cette période ingrate, propice aux sautes d'humeur et aux boutons d'acné. Une *Magical girl* digne de ce nom passe de chenille à papillon sans prendre le temps de tisser sa chrysalide.

# CREAMY

**Titre original :** *Mahou no Tenshi Creamy Mami © Akemi Takada / Studio Pierrot*

**Nom** : Yu Morisawa

**Âge :**

10 ans (17 ans lorsqu'elle est Creamy)

**Famille :**

Les parents de Yu tiennent une crêperie du nom de Creamy !

**Formule magique :**

*Pampulilu, Pimpulilu,*
*pam pum pam !*

**Animaux de compagnie :**

Sinon et Sissi, deux chats qui parlent et qui sont… rarement d'accord.

**Amour secret :**

Yu est secrètement amoureuse de son meilleur ami Charlie, un adolescent de 13 ans, qui n'a d'yeux que pour… Creamy !

**Pour faire court…**

Yu est une petite fille de dix ans comme les autres jusqu'au jour où elle découvre un vaisseau spatial à l'intérieur duquel elle aide un adorable petit extraterrestre du nom de Pino à retrouver son chemin vers l'étoile merveilleuse. Pour la remercier, Pino lui offre une baguette magique qui lui permet pendant une année entière de se transformer en Creamy, une jeune femme séduisante qui, grâce à ses talents de chanteuse, devient très rapidement une icône de la musique.

**Takako Ohta :**

C'est le nom de la chanteuse qui prête sa voix à Creamy lorsque celle-ci est sur scène. L'animé a servi à promouvoir cette jeune artiste qui, à l'époque, faisait ses débuts. La chanson du générique, *Delicate ni Suki Shite*, a d'ailleurs été son premier tube. La stratégie de promotion mise en place par le studio Pierrot a marché à merveille : la chanson a connu un succès retentissant et, grâce à la série *Creamy*, Takako Ohta a gagné une grande popularité qui perdure jusqu'à aujourd'hui.

# CREAMY VS EMI

**Personnage :** Creamy. **Titre original :** Creamy adorable Creamy. **Catégorie :** Animé. **Modèle :** Suok.

**Personnage :** Emi. **Titre original :** Emi magique. **Catégorie :** Animé. **Modèle :** Laly.

# EMI

**Titre original :** *Mahô no star Magical Emi © Kiyoko Arai / Studio Pierrot*
**Nom** : Mai Kazuki
**Âge :**
10 ans (17 ans lorsqu'elle est Emi)
**Formule magique :**
*Tourne, tourne la destinée, et tes rêves seront exaucés !*
**Animaux de compagnie :**
Mokko, un lutin magique qui s'est incarné à l'intérieur d'une peluche en forme d'écureuil.

**Amour secret :**
Mai est secrètement amoureuse de Ronnie, un jeune boxeur… mais tout de même bien plus vieux qu'elle !

**Pour faire court…**

*Emi Magique* raconte l'histoire de Mai, une petite fille fascinée par l'univers de la magie qui rêve de devenir un jour aussi douée que son idole : la grande magicienne Emily Harwell. Mais le chemin lui semble long et semé d'embûches.
C'est sans compter avec le vieux miroir magique de son grand-père dont sort un jour Mokko, un lutin qui parle, ainsi qu'un bracelet qui a le pouvoir de transformer Mai en Emi, une belle et talentueuse magicienne.

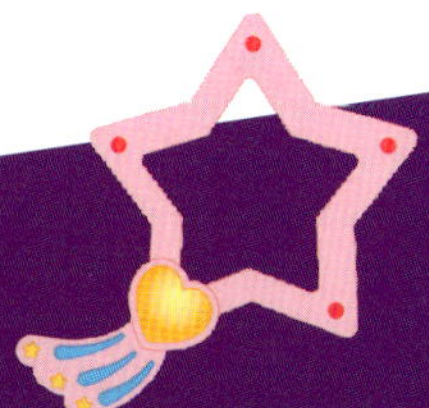

**Travailler en famille :**

*Yu est une petite fille, qui travaille en famille*… ainsi commence le générique français de *Creamy*. Mais elle n'est pas la seule à soutenir le business familial. Si, contrairement à Yu, la petite Mai n'aide pas à faire tourner la boutique de ses parents (les parents de Creamy tiennent une crêperie alors que ceux d'Emi possèdent un magasin de cookies), elle fait en revanche partie des « magicarottes », la troupe de magiciens dont s'occupent ses grands-parents.

**Retour aux sources**

Devant le succès de ces séries, le studio Pierrot a sorti en 1986 un OAV (*Original Animation Video*) intitulé *Adesugata Mahou no Sannin Musume* (littéralement *Les trois charmantes jeunes filles magiques)* dans lequel Creamy et Emi se retrouvent aux sources chaudes en compagnie de Vanessa, une troisième Magical girl également créée par le studio Pierrot. Totalement sorti de leur contexte habituel, cet OAV a pour but de réunir les trois *Magical girls* dans un même animé. Une manière comme une autre de… prolonger la magie.

# Sailor Moon
## ou la nouvelle vague

**Personnage** : Sailor Moon. **Titre original** : Sailor Moon. **Catégorie** : Animé. **Modèle** : Sikay. **Porté lors de** : Epita 2009, Parade d'Osu WCS 2010. **Prix** : 4e prix de costume catégorie individuelle.

Bien qu'elle soit une *Magical girl*, Sailor Moon n'a pas grand-chose en commun avec ses consœurs des années 80. Solidement ancrée dans sa période d'adolescente ingrate et paresseuse, Bunny est une collégienne de quatorze ans qui n'a pas vraiment le temps de penser à des rêves de gloire, car si elle se voit attribuer des pouvoirs magiques, ce n'est pas pour son plaisir mais uniquement dans le but de protéger le monde (rien que ça !), ce dont elle se serait volontiers passée !

Vous l'aurez compris, Sailor Moon est une combattante, une sorte de super héroïne en jupette qui, de gré ou de force, a pour mission de protéger la terre contre les méchants.

Une fois transformée en Sailor Moon, Bunny ne se sépare jamais de ses consœurs, Sailor Vénus, Sailor Mercure, Sailor Mars, etc. (pas la peine d'énumérer, vous connaissez tous le système solaire !), sortes de *Chevaliers du Zodiaque* au féminin – avec tout ce que cela comporte de situations cocasses – qui partagent le même secret qu'elle et l'aident dans son combat contre les forces du mal !

**Personnage** : Sailor Venus. **Titre original** : Sailor Moon. **Catégorie** : Animé. **Modèle** : Nikita. **Porté lors de** : Parade d'Osl. WCS 2010.

**En résumé… pour devenir une Magical girl, il faut :**

- Être une fille, sinon ça ne marche pas.
- Être la princesse d'un royaume magique est une chose qui aide beaucoup. Au pire des cas, débrouillez-vous pour aider une créature magique en détresse, vous pouvez être sûre qu'en retour elle vous remerciera avec un cadeau magique !
- Avoir au moins un animal de compagnie qui sait parler… Le don de la parole est une chose indispensable pour la petite bête qui va vous apporter son soutien, son réconfort et qui va vous guider dans votre quête de gloire ou de justice !
- Trouver un rituel de transformation assez glamour pour marquer les esprits et assez simple pour ne pas vous emmêler les pinceaux pendant la chorégraphie. Après tout, c'est votre marque de fabrique, fignolez-la !
- Ne pas se tromper dans le choix du costume. Évitez les pantalons et autres costumes-cravates trop stricts, optez plutôt pour une jupe archi-courte pour que vos fans (ou vos ennemis !) n'aient d'yeux que pour vos jambes !
- Trouver une formule magique qui déchire tout ! *Pampulilu Pimpulilu pam pum pam*, ça, c'est la classe…
- Avoir des pouvoirs magiques ! Sinon, toutes les étapes précédentes risquent de ne pas vous servir à grand-chose…

Par le pouvoir
de la Lune,
je vais te punir !
(Sailor Moon)

# PoKemoN « Attrapez-les tous ! »

**Personnage :** Galopa. **Catégorie :** Animé/Jeu vidéo/Fanart. **Modèle :** Sikay. **Porté lors de :** Paris Manga 11e Impact. **Catégorie :** Groupe. **Prix :** 3e prix.

**Personnage :** Lokhlass. **Catégorie :** Animé/Jeu video/Fanart. **Modèle :** Laly. **Porté lors de :** Paris Manga 2010. **Catégorie :** Groupe. **Prix :** 3e prix.

Cela fait plus de dix ans que l'on essaye de tous les attraper, et pourtant, ces drôles de créatures courent toujours, se cachant au fond des grottes, dans les fourrés ou les hautes herbes, dans les cascades, les lacs et les rivières…

En réalité, il y en a tant que l'on peut à peine les dénombrer. Et les dresseurs de la fin du siècle dernier, lassés de courir d'arène en arène à collectionner les badges pour devenir maîtres Pokémon, ont fini par passer le flambeau (la plupart du temps sous forme de cartes à jouer) à leur petits frères et sœurs, qui, dans les cours de récréation, se sont lancés dans ce voyage initiatique avec autant de fougue et d'enthousiasme !

**Pokémon ? Mais je n'en ai jamais vu par ici !**

Normal : on cesse de croire à leur existence à peu près au même âge où l'on cesse de croire au père Noël. Les Pokémons sont des animaux imaginaires, à l'origine tirés d'un jeu sur Game Boy sorti au Japon en 1996. Le joueur y incarne un dresseur dont le but est de capturer, d'élever et de dresser au combat le plus grand nombre de Pokémons possibles dans le but de devenir le meilleur dresseur de Pokémon.

**Personnage** : Simiabraz. **Catégorie** : Animé/Jeu vidéo/ Fanart. **Modèle** : Lee Naa. **Porté lors de** : Paris Manga 11e Impact. **Catégorie** : Groupe. **Prix** : 3e prix .

**ANECDOTE**. Le groupe Pokémon qui a concouru à la 11e édition de Paris Manga était constitué de pas moins de quarante-quatre Pokémons, et est certainement le plus gros groupe Pokémons jamais créé en France ! En invités surprises, sont venus les rejoindre deux dresseurs : Sacha et la délicieuse Ondine qui était incarnée par… un garçon !

Ils sont classés par type (eau, roche, électrique, psy…) et possèdent des attaques qui leur sont propres. En dehors des combats, ce sont des créatures sociables et tout à fait pacifiques. De nos jours, avec un peu de chance, on peut rencontrer leur version humanisée au détour d'une allée lors de convention ou d'un shooting dans un jardin public lorsque le temps est particulièrement clément. Si par le plus grand des hasards vous avez sur vous une Pokéball, vous pouvez toujours essayer d'en attraper un… mais à vos risques et périls !

# LOKHLASS

« Lokhlass est un pokémon aquatique vivant dans les océans. Elle m'a toujours fait penser à Nessie, le légendaire monstre du Loch Ness.

« Mais alors que Nessie n'a jamais rien inspiré d'autre que de la crainte à ceux qui ont cru l'avoir aperçu, Lokhlass, quant à elle, est une créature particulièrement bienveillante avec les humains. Aussi douée pour la télépathie que pour l'empathie, nombreux sont les naufragés qu'elle a secourus en les transportant sur sa carapace. »

**Laly :** Je me suis bien amusée à faire la carapace-météorite en grillage et en papier journal enduit du reste de colle à papier peint qui traînait chez moi. Le costume de Lokhlass ne m'a pas coûté cher et il a été rapide à réaliser, et agréable à porter. Il y avait une très bonne ambiance dans le groupe et j'ai de très bons souvenirs avec ce costume, alors que je déteste Pokémon. Je trouve l'animé ennuyeux et je n'ai jamais joué aux jeux XD ! Je rigole toujours en repensant à Dream (un ami cosplayeur *NA*) qui était dans le jury et qui était tout contrit de nous annoncer que nous n'avions pas fini premiers… alors qu'on s'en fichait du prix. La preuve, je ne sais même pas à quelle place nous avons fini !

# PIKACHU

Pikachu est un Pokémon souris de type électrique. Autrement dit, c'est la version japonaise et moderne de Mickey !

Et pour cause. Pikachu est au Japon ce que Mickey est aux États-Unis : un véritable emblème.

C'est l'animal kawaii par excellence. Il n'a pas d'habitat de prédilection, mais à l'état sauvage, on le trouve souvent près des sources d'énergie comme les chutes d'eau ou les centrales électriques.

Avant tout, il est le personnage central de la série *Pokémon*, où il incarne le compagnon de Sacha, un jeune garçon lancé dans un voyage initiatique dans le but de devenir le plus grand dresseur de Pokémon. La force de leur amitié est très rapidement devenue le thème phare de la série.

« Pika-pika… Tchuuu ! »

**Personnage :** Pikachu. **Catégorie :** Animé/Jeu vidéo Fanart. **Modèle :** Nash Ella. **Porté lors de :** Paris Manga 11e Impact. **Catégorie :** Groupe. **Prix :** 3e prix.

# GALOPA

Galopa, le cheval de feu à la crinière ardente, semble continuer la longue lignée des chevaux légendaires qui ont alimenté la mythologie des grandes civilisations antiques. Possédant à la fois les attributs de la licorne et de Pégase, sa capacité à voler dans les airs ajoute à son aspect sauvage et mystérieux.

# SIMIABRAZ

Pokémon de type feu et combat, Simiabraz fait partie de la quatrième génération de Pokémons. Maître en arts martiaux, son tempérament volcanique et ses attaques particulièrement puissantes en font un adversaire redoutable.

**Lee Naa :**

Le groupe Pokémons a été lancé un an auparavant par Daniela, une cosplayeuse italienne, qui désirait recosplayer avec nous en France. Elle voulait un énorme groupe à l'image de celui auquel j'avais participé en 2002. Donc nous voilà, une petite soixantaine au départ, qui s'est heureusement réduite à 46 au final, et ça n'a pas été de la tarte à organiser ! Au début, j'étais Lugia ou Noctali, mais en regardant plus attentivement les dessins, Simiabraz m'a paru être le Pokémon le plus proche de ma morphologie. Je ne regrette pas ce choix : étant plutôt une force brute de nature, je suis plus convaincante en singe combattant qu'en Pokémon mignon.

Bien qu'il ne soit pas difficile à réaliser, j'ai commencé le costume un mois à l'avance pour être prête à temps. Mauvaise idée : quand j'ai voulu le réessayer la veille de la convention, j'avais un peu grossi et je suis restée coincée dans la robe. J'ai dû attendre que mon copain rentre pour m'aider à en sortir ! Sans compter les parties du costume que j'ai fini par oublier dans un coin ! J'ai finalement encore passé la nuit à finir de coudre... *fail* !

# Les Écolières

## Back to school !

Contrairement aux apparences qui pourraient laisser croire que les conventions sont le siège d'une joyeuse anarchie où un cosplayeur peut laisser libre cours à toutes les extravagances possibles et inimaginables, le milieu du cosplay est très réglementé, et s'inscrire à un concours cosplay nécessite le respect de quelques règles simples mais néanmoins fondamentales.

Voici quelques règles officielles – et officieuses ! – que chaque cosplayeur se devrait de connaître avant de passer sur scène :

### RÈGLE N° 1 : LE COSTUME

Seuls sont acceptés les costumes réalisés par le participant. Certains concours acceptent parfois la règle du 50/50 (certains accessoires peuvent provenir du commerce, comme les chaussures, les gants, les ceintures, etc.) mais le costume ne doit être entièrement acheté. Auquel cas, ce n'est plus un cosplay mais un simple déguisement.

*N. B. : Dans certains pays comme le Japon ou la Chine, où la ressemblance « physique » avec le personnage prévaut sur tout le reste, les organisateurs sont beaucoup moins regardants sur la confection des costumes. Exception faite du Word Cosplay Summit, il n'est d'ailleurs pas rare que les cosplayeurs asiatiques achètent tout bonnement leur costume sur un site de vente.*

**Personnage :** Kallen Stadtfeld. **Titre original :** Code Geass. **Catégorie :** Manga/Animé. **Modèle :** Minako. **Porté lors de :** Cartoon Beach 2008, Bal Cosplay 2009.

**Personnage :** Usagi Tsukino. **Titre original :** Sailor Moon. **Catégorie :** Animé. **Modèle :** Clef.

**Personnage :** Anthy Himemiya. **Titre original :** Utena The Revolution Girl. **Catégorie :** Film/Animé. **Modèle :** Lee Naa. **Porté lors de :** Manga City 2008.

**Personnage :** Serah Farron. **Titre original :** Final Fantasy XIII. **Catégorie :** Jeu vidéo. **Modèle :** Nikita. **Porté lors de :** Soirée de sortie de Final Fantasy à la Fnac des Champs-Élysées.

## RÈGLE N° 2 : LES CATÉGORIES

Que l'on passe en individuel ou en groupe, les catégories autorisées peuvent varier d'un concours à un autre. Si le jury du Word Cosplay Summit n'autorise que les cosplays provenant de jeux, animés ou mangas issus de la culture japonaise, les autres concours se montrent beaucoup moins restrictifs.

Ainsi, le Comic'con accepte les cosplays provenant de toutes les cultures de l'imaginaire, qu'ils soient tirés de films, de jeux vidéos, de livres ou de fanarts.

Depuis peu, il existe même un prix de création artistique, où le participant peut laisser libre cours à son élan créatif, pour peu qu'à l'inscription il ait fourni un support visuel suffisamment précis pour permettre un jugement éclairé.

## RÈGLE N° 3 : LES CRITÈRES DE SÉLECTION

Chaque candidat est noté sur la qualité et la complexité du costume, la ressemblance avec le personnage incarné (qui ne se traduit pas seulement par le physique mais par la manière de marcher, la gestuelle, etc.), l'originalité et la qualité de la prestation, ainsi que sur l'impression générale du jury.

**Conseil :** mieux vaut un costume simple réalisé proprement avec de bonnes matières, qu'un costume compliqué fait avec du mauvais tissu et de mauvaises finitions.

## RÈGLE N° 4 : LES INTERDICTIONS

Contrairement aux autres pays, la France se montre très restrictive quant à l'usage d'effets scéniques. Beaucoup de participants doivent passer dans un court laps de temps, et nettoyer la scène entre chaque passage est une tâche des plus ardues. En France, les règles de sécurité appliquées à tous les concours de cosplay interdisent l'usage d'effets pyrotechniques, d'effets de scène tels que jets de paillettes ou de plumes, ainsi que l'usage d'armes ou d'accessoires pointus.

## RÈGLE N° 5 : LES PRIX

Ils sont divers et variés ! Cela peut aller d'un simple porte-clés (merci d'avoir participé !) à un voyage au Japon. En général, les gagnants sont récompensés par un lot de cadeaux divers, composés de livres, mangas, DVD et autres petits cadeaux. Quelques exemples des différents prix décernés lors des concours :

- Prix forge (récompense la meilleure armure, arme ou accessoire) ;
- Meilleur espoir (ou prix noob) ;
- Meilleure prestation ;
- Meilleur costume.

Mais aussi :

- Prix vampire ;
- Prix coup de cœur (prix supplémentaire parfois attribué par le jury) ;
- Création personnelle…

**Conseil :** prévoyez un grand sac ! Parfois les prix sont tellement lourds qu'il faut prévoir une valise pour tout emporter (si l'on considère que les costumes en eux-mêmes sont déjà très volumineux).

**Conseil de Laly :**
L'idéal est de faire ce que l'on maîtrise. Il vaut mieux éviter les combats ou la danse si l'on n'y connaît rien, ainsi que les farces pour initiés que personne ne comprendra. À partir du moment où l'on participe à un concours c'est que l'on accepte le fait d'être jugé. Un minimum de qualité s'impose donc, que ce soit en costume ou en prestation. Même un costume placard peut être intéressant si la prestation suit. En revanche, si la prestation n'est pas notre point fort et que l'on a un joli costume à montrer, inutile d'occuper la scène pendant deux heures, un simple aller-retour suffit pour montrer le costume et ne pas ennuyer le public, comme lors d'un défilé de mode.

KALLEN STADTFELD

# USAGI TSUKINO

**Clef:** J'ai réalisé ce costume pour l'album, car j'ai toujours voulu être Sailor Moon. Quand j'étais plus jeune, je m'amusais à me transformer dans ma chambre avec un crayon magique fait en pâte à modeler. Aujourd'hui je n'ai pas le crayon magique mais je m'y croirais presque !

## ANTHY HIMEMIYA

Je voulais incarner ce personnage il y a plusieurs années, quand j'étais encore réservée et timide. Mais lorsque je m'y suis finalement mise, je ne correspondais plus vraiment à cette description. Je me suis donc rabattue sur la version du film, où le personnage est plus adulte et plus affirmé.

**Conseil de Lee Naa :**
Mon conseil s'adresse surtout aux cosplayeuses qui portent des jupes courtes. Mesdemoiselles, pensez bien que la scène est surélevée. Si vous défilez sur le proscénium (l'avancée en T), les spectateurs auront une vue plongeante sous votre jupe. DONC, s'il vous plaît, mettez une CULOTTE + un COLLANT + une autre CULOTTE/SHORTY par-dessus !

# SERAH FARRON

**Conseil de Nikita :**

L'important est de bien préparer son passage sur scène.

Même si l'on fait du cosplay avant tout pour s'amuser, à partir du moment où l'on décide de partager sa passion, il faut que ce soit un plaisir pour le cosplayer comme pour le public. Or le public s'ennuie lorsqu'il assiste à une prestation pendant laquelle il ne se passe rien, avec une bande sonore de mauvaise qualité, ou bien qui nécessite de très bien connaître la série pour apprécier le spectacle. Lorsque l'on est sur scène pour montrer son travail, le minimum est de présenter un « spectacle » correct, tant au niveau du contenu qu'au niveau visuel. L'improvisation est possible, mais réservée aux personnes expérimentées et complètement à l'aise sur scène. Il ne faut pas oublier qu'une prestation qui fait plaisir au public recevra un bon accueil et une salve d'applaudissements, ce qui est la plus extraordinaire des récompenses pour un cosplayer.

Tu marches sur des morts, beauté, dont tu te moques ;
De tes bijoux l'horreur n'est pas le moins charmant,
Et le meurtre, parmi tes plus chères breloques,
Sur ton ventre orgueilleux danse amoureusement.

*Hymne à la beauté, Les Fleurs du mal*

Charles Baudelaire

# Femmes Fatales

## Les Fleurs du mal

**Personnage :** Mirror Queen. **Titre de l'œuvre :** Les Frères Grimm. **Catégorie :** Film. **Modèle :** Laly. **Porté lors de :** Défilé spécial 10 ans, Japan Expo 2009, Présélections Eurocosplay, Lovin Japan 2010, Finale Eurocosplay à Londres. **Prix :** Représentante française à L'Eurocosplay 2010.

Menteuses, allumeuses, vicieuses, voleuses, empoisonneuses… certaines femmes sont dangereuses par nature. Qu'elles le veuillent ou non, elles portent en elles la déchéance, la destruction, parfois même la mort.

La femme fatale compte autant sur ses défauts que sur ses charmes pour atteindre un but souvent peu honorable, et c'est bien cette aura de danger qui semble émaner de tout son être qui la rend aussi attirante…

Bien souvent, au-delà du costume, c'est la dimension quasi mystique que portent les femmes fatales qui est prisée dans le cosplay.

# MIRROR QUEEN

**Laly :** Alors là, c'est LE costume ! Celui qui m'a coûté le plus de temps, d'argent et de patience. J'ai littéralement craqué pour ce costume lorsque j'ai vu les premières affiches du film. Je suis allée le voir exprès. Étant donné qu'on ne le voit pas très bien dans le film, j'ai eu le plus grand mal à trouver des images de référence, jusqu'à ce que j'apprenne par hasard qu'il était exposé à Frascati, dans un musée à côté de Rome. Nous étions en décembre et l'expo avait lieu jusqu'à fin janvier, mais je n'ai pas eu la patience d'attendre : le lundi suivant, j'ai pris un aller-retour en avion dans la journée… et j'ai bien fait. Sur place, j'ai appris que le costume était en train d'être enlevé du mannequin, car il devait partir pour une autre exposition. Lorsque j'ai expliqué au conservateur du musée que je venais de Paris exprès pour le voir, il m'a autorisé à aider les gens du musée à le ranger. On m'a même laissé essayer la couronne ! J'ai pris environ 300 photos, plein de croquis… et, ô joie, en regardant le tissu de près je me suis aperçue que c'était exactement le même que celui que j'avais acheté ! Du *crushed velvet red green* ! D'avoir vu le costume d'aussi près (y compris l'intérieur, l'endroit des coutures et des baleines, le choix des galons, perles, dentelle et sequins…) m'a permis d'en faire une reproduction aussi fidèle que possible. Cela m'a bien pris sept mois au total.

## LA FÉE DE L'ABSINTHE

*Comme bercée en un hamac,*
*La pensée oscille et tournoie,*
*À cette heure où tout estomac*
*Dans un flot d'absinthe se noie*

CHARLES CROS

Bien avant d'avoir été incarnée par Kylie Minogue dans le film *Moulin Rouge*, la fée de l'absinthe faisait déjà tourner bien des têtes…

## L'heure verte, l'heure de la fée…

Sept heures du soir…

Dans le Vieux Paris, les effluves enivrants de l'absinthe s'échappent de tous les verres.

Tous, du petit ouvrier assis au fond d'un troquet jusqu'au bourgeois confortablement installé dans un fauteuil moelleux, en passant par l'artiste en manque d'inspiration assis à la terrasse d'une brasserie de Montmartre, tous n'ont d'yeux que pour elle.

Muse aux yeux verts, amante volage, elle trouble les sens autant qu'elle aiguise l'esprit.

Tous n'aspirent qu'à la langueur de son étreinte, au délice de son baiser. Quand bien même ce baiser pourrait faire perdre la raison.

Degas, Manet, Van Gogh, Lautrec, la fée verte est là… elle dirige les pinceaux.

Oscar Wilde, Rimbaud, Verlaine, Edgar Poe… Elle soutient la plume.

C'est d'ailleurs à Oscar Wilde que nous devons le charmant sobriquet de « fée verte » donné à l'absinthe. Boisson préférée des artistes dès la fin du XIXe siècle, ils considèrent la fée verte comme une sorte de muse, amie silencieuse et dévouée, cachant la source d'inspiration tant convoitée au fond de son calice. À la belle époque, elle fait partie de toutes les réunions jusqu'à sa prohibition en France en 1915… à cause des dommages irréversibles qu'elle cause au cerveau.

**Laly :** J'adore Kylie Minogue et je suis fan du film *Moulin Rouge*, voilà toute l'histoire du costume.

**Personnage :** Fée de l'absinthe. **Titre de l'œuvre :** Moulin rouge. **Catégorie :** Film. **Modèle :** Laly. **Porté lors de :** Paris Manga 2007.

# POISON IVY

**Suok :** J'ai tout naturellement choisi la version animée de Poison Ivy, les graphistes lui ayant donné un aspect résolument pin-up, qui m'a totalement séduite.

Le costume étant simple à réaliser, c'est donc dans le *rôle-play* que réside le secret du personnage.

Selon moi, Poison Ivy est l'un des personnages féminins les plus glamour de la série *Batman*, la femme fatale par excellence, sensuelle et terriblement dangereuse. C'est au milieu des plantes que transparaît sa sensualité dévastatrice, aux plantes qu'est voué son amour maladif et destructeur. Elle se sert de leur poison pour combattre ses ennemis, d'où l'origine de son nom « Poison Ivy », qui désigne une variété de lierre très toxique.

**Personnage :** Poison Ivy. **Titre de l'œuvre :** Batman, The Animated Series. **Catégorie :** Série animée.
**Modèle :** Suok.

# FATALE MALGRÉ ELLE

## JESSICA RABBIT

**Suok :** Mon rêve d'incarner Jessica Rabbit remonte à l'enfance. La scène où Jessica apparaît sur scène pour chanter *Why don't you do right* a produit sur moi l'effet d'une bombe : poitrine opulente, fesses rebondies, taille de guêpe… c'était officiellement décidé, je deviendrais une femme « dessinée comme ça » !

On pense à tort que pour incarner Jessica Rabbit il faut forcément posséder une poitrine démesurée. Il n'en est rien. Ce n'est pas dans sa poitrine que réside l'essence du personnage de Jessica Rabbit. C'est dans son tour de taille. Ou plutôt, dans l'extraordinaire rapport poitrine-taille-hanches qui renvoie à la silhouette en forme de sablier, archétype même de l'éternel féminin, dont les femmes sont paradoxalement si honteuses qu'elles essayent de la détruire à coups de régimes.

Bien entendu, il est impossible d'avoir des mensurations aussi improbables qu'un *cartoon* sans un minimum de tricherie : lorsque j'ai porté ce cosplay à *Japan Expo*, de nombreuses personnes m'ont demandé si mon tour de taille était naturel. Bien sûr que non ! Sous la robe de Jessica se cache un serre-taille serré à bloc.

Le deuxième critère à remplir pour incarner ce personnage exige un sacrifice dont peu de femmes seraient capables : il s'agit de ne surtout pas être mince… et ne pas hésiter à prendre du poids ! En essayant la tenue pour la première fois, je me suis aperçue qu'il me manquait un peu de rondeurs pour rendre mon personnage crédible. J'ai donc dû prendre trois bons kilos avant d'être satisfaite du résultat.

**Personnage** : Jessica Rabbit. **Titre de l'œuvre** : Qui veut la peau de Roger Rabbit. **Catégorie** : Film. **Modèle** : Suok. **Porté lors de** : Japan Expo 11e Impact. **Concours** : Syfy – Comicon. **Prix** : Prix coup de cœur.

« Je ne suis pas mauVaise,
je suis juste dessinée comme ça ! »

Jessica Rabbit, *Qui veut la peau de Roger Rabbit ?*

# Les vaMpires

Ces dernières années, les vampires mâles semblent avoir envahi nos livres et nos écrans. Depuis la déferlante de la saga *Twilight*, nombreuses sont les œuvres de fiction qui revendiquent « leur » vampire attitré. Êtres des ténèbres n'ayant de cesse que de combattre leur côté obscur, passant leur temps à larmoyer en regrettant leur humanité brisée, leur principale fonction est de faire tomber en pâmoison la gent féminine… sans doute pour le plaisir de larmoyer à deux.

Mais qu'en est-il des femmes vampires ?

Créatures langoureuses, mi-vivantes mi-mortes, prisonnières du carcan de la jeunesse et de la beauté éternelles, les « femmes-vampires » ne perdent pas leur temps à tomber amoureuses des mortels. Femmes fatales par excellence, prédatrices redoutables, elles usent de leur charme vénéneux pour attirer leurs proies et les vider de leur sang…

Qu'elles proviennent de la littérature, du cinéma, d'animés, de mangas ou de jeux vidéos, les attraits des femmes-vampires ne se limitent pas à leur goût prononcé pour le sang ou leurs yeux de braise.

Bien souvent, au-delà de la dimension quasimystique que portent les vampires, au-delà du plaisir que l'on éprouve à être celle qui ne sourie pas au milieu de l'effervescence générale, qui passe telle une ombre sur scène ou le long des allées… Il y a un autre plaisir qui surpasse tous les autres.

Il y a *le costume*.

Certains d'entre eux, comme ceux des personnages de *Trinity Blood*, constituent un véritable défi à réaliser, pour un résultat final plus que spectaculaire. D'autres, comme ceux de Lucy ou de Claudia, nécessitent un travail préalable de documentation dans le domaine du costume historique. D'autres enfin, plus simples d'aspect et de confection, comme ceux des personnages de *Devil may cry*, suggèrent un *rôle-play* impeccable…

## LUCY WESTENRA

**Laly :** La robe de Lucy Westenra est ma robe préférée dans le film *Dracula* (après la robe rouge de Mina). Faite d'un tissu vert d'eau, entièrement paré de broderies en forme de serpents, elle symbolise le côté sensuel exacerbé du personnage. J'ai gagné le prix Milady vampire (ce qui m'a très peu surprise, étant donné que j'étais la seule vampire !) ainsi que le 3ᵉ prix prestation, mais rien pour mon costume ! J'avoue que cela m'a un peu déçue, étant donné que dans le cosplay, le costume est ce qu'il y a de plus important pour moi. (Il faut dire que je ne suis franchement pas douée en prestation.)

D'ailleurs je me demande comment j'ai pu avoir un prix de prestation, étant donné que lors de mon passage sur scène, on m'a laissée dans le noir 1 min 10 s sur les 1 min 30 s qui m'étaient imparties !

**Personnage :** Lucy Westenra. **Titre de l'œuvre :** Dracula. **Catégorie :** Film. **Modèle :** Laly. **Porté lors de :** Bal cosplay (Normandie) 2009, Japan Expo 2010. **Prix :** Prix Vampire et 3e prix de la prestation à Japan Expo.

# CLAUDIA

**La poupée-vampire**

Âme centenaire enfermée dans un corps d'éternelle enfant, redoutable prédatrice ignorant le concept du bien et du mal, telle est Claudia, l'enfant-vampire.

Sa petite chambre douillette est jonchée de poupées. Blondes, brunes ou rousses, toutes lui ressemblent étrangement. C'est qu'elles-mêmes sont figées dans cette jeunesse éternelle, marbrée et froide, propre seulement à ce qui n'a jamais vécu.

Les poupées ne vieillissent pas.

Mais jamais elles ne deviennent femmes.

Jamais leur corps ne se pare de courbes délicieuses.

Jamais elles ne connaissent les plaisirs de la chair.

Pour Claudia, poupée vivante parmi ses poupées mortes, le seul plaisir sensuel est dans le sang.

**Personnage :** Claudia. **Titre de l'œuvre :** Entretien avec un vampire. **Catégorie :** Film. **Modèle :** Suok. **Porté lors de :** Bal des vampires 2010.

## Crossplay :

C'est un cosplay croisé. Autrement dit, un terme servant à désigner une personne revêtant un cosplay d'un personnage du sexe opposé.

**Personnage :** Dante. **Titre de l'œuvre :** Devil May Cry. **Catégorie :** Jeu vidéo. **Modèle :** Judykael.

**Personnage :** Trish. **Titre de l'œuvre :** Devil May Cry. **Catégorie :** Jeu vidéo. **Modèle :** Ariah.

# TRINITY BLOOD

**Les vampires du futur**

Dans un futur lointain, sur une terre ravagée par une terrible bataille nommée « Armageddon », les humains, mènent une lutte féroce contre les vampires.

Ici, les vampires sont d'origine extraterrestre : ce sont d'anciens colons qui ont été infectés par un virus sur la planète Mars, et revenant sur Terre afin d'en prendre le contrôle.

# SETH NIGHTROAD

Sous son apparence d'adolescente, Seth Nightroad cache sa véritable identitée : elle est l'impératrice des Mathusalems. Une impératrice âgée de 900 ans, constamment assoiffée de sang. Mais pas n'importe quel sang : seulement celui des vampires…

**Pourquoi ce personnage :** Le choix n'a pas été compliqué. J'affectionne particulièrement l'univers des vampires. En découvrant les *artworks* de *Trinity Blood*, j'ai eu un énorme coup de cœur pour le costume de Seth.
Ce qui me plaît dans le cosplay, en plus de pouvoir incarner une multitude de personnages très différents, ce sont les difficultés techniques. Ce costume était un véritable défi pour moi. La multitude de détails, l'énorme chapeau… autant d'éléments qui m'ont décidée à me lancer dans la confection de ce costume.

**Personnage :** Seth Nightroad. **Titre de l'œuvre :** Trinity Blood. **Catégorie :** Manga/Animé. **Modèle :** Ariah. **Porté lors de :** Japan Expo 2006. **Prix :** 3e prix de costumes catégorie groupe.

**Personnage :** Esther Blanchett. **Titre de l'œuvre :** Trinity Blood. **Catégorie :** Manga/Animé. **Modèle :** Minako. **Porté lors de :** Japan Expo 2006. **Prix :** 3e prix de costumes catégorie groupe

**Personnage :** Astaroshe Arsan. **Titre de l'œuvre :** Trinity Blood. **Catégorie :** Manga/Animé. **Modèle :** Ariah. **Porté lors de :** Japan Expo 2006. **Prix :** 3e prix de costumes catégorie groupe

**Personnage :** Noelle Bor. **Titre de l'œuvre :** Trinity Blood. **Catégorie :** Manga/Animé. **Modèle :** Judykael. **Porté lors de :** Japan Expo 2006. **Prix :** 3e prix de costumes catégorie groupe

## ESTHER BLANCHETT

Orpheline élevée dans un couvent, Esther grandit avec un seul désir : se venger des vampires qui ont assassiné sa famille. Cette soif de vengeance ne la quittera jamais, et les mains de cette bonne sœur seront maintes fois tachées de sang…

## ASTHAROSHE ASRAN

Vampire de noble lignée aux ordres de Seth, elle est forcée de ravaler son orgueil pour s'allier avec ses ennemis dans le but de démasquer les traîtres qui bafouent la couronne impériale.

**Pourquoi ce personnage :** Astharoshe possède une multitude de tenues très différentes et d'habitude assez colorées. Ce costume entièrement rouge m'a tapé dans l'œil. Un rêve de pouvoir porter une telle robe: un côté sexy, mais très classe. Le plus dur a été de donner du volume à une robe monochrome. L'incroyable coiffure, digne d'une marquise, a été également très intéressante à reproduire.

## NOELLE BOR

**Pourquoi ce personnage :** Noelle Bor est une nonne peu conventionnelle qui porte un costume à l'opposé de celui des nonnes traditionnelles. J'ai tout de suite aimé ce paradoxe et cette ambiguïté entre la religion et le côté aguicheur de ce personnage. Tout dans son attitude est suggestion. Il est vrai que je pensais au début que ce costume serait simple à réaliser, mais il s'est avéré beaucoup plus compliqué que prévu, à cause de la multitude de symboles religieux, chapelets, fourragères, brassards et autres boutons qui le composent. Lors de la confection du costume, je me suis rendu compte également qu'il serait impossible de trouver des bas ornés des mêmes motifs dans le commerce. Aussi ai-je dû les créer moi-même en peignant les motifs à l'acrylique.

Le choix des personnages s'est fait selon les affinités, mais étant donné la complexité de certains costumes, également selon le niveau d'habilité en couture de chacun.

À l'époque, nous ne connaissions ni l'animé ni le manga, et notre choix s'est basé sur les différentes illustrations que nous avions vues des personnages de la série. Il s'agissait donc plus de recréer un costume dans toute sa splendeur que d'incarner des personnages que nous ne connaissions que très peu.

# Dua

# lité

Anima et animus, mi-homme, mi-dieu, ombre et lumière, telle est la nature dualle de l'homme. Synthèse de deux entités ou dédoublement de personnalité, la dualité se trouve à la base de chaque légende.

Belles dames aussi blanches de peau que noires d'âmes, pauvres victimes possédant des pouvoirs phénoménaux, psychopathes machiavéliques se cachant sous l'apparence d'innocentes écolières… rien n'est jamais complètement noir ou complètement blanc dans l'univers des mangas qui regorge de personnages complexes et protéiformes.

La dualité dérange et intrigue, aussi trompeuse que la surface lisse d'un lac cachant sous son onde calme des profondeurs obscures et inquiétantes.

Il arrive pourtant qu'elle symbolise la symbiose entre deux êtres, ou, au contraire, elle soit le lien ténu unissant deux personnes que tout oppose, destinées à ne jamais se rencontrer…

# SHAIYA LIGHT AND DARKNESS

Etaine était le cosplay idéal pour les deux sœurs Ariah et Judykael. L'âme de cette déesse au destin tragique s'est divisée en deux parties lorsqu'elle a été assassinée par les créatures qu'elle avait créées. De cette division sont nées deux nouvelles déesses: la déesse de la lumière et celle des ténèbres.

**Personnage :** Etaine (Light). **Titre de l'œuvre :** Shaiya Light and Darkness. **Catégorie :** Jeu vidéo. **Modèle :** Judykael.

**Personnage :** Etaine (Darkness). **Titre de l'œuvre :** Shaiya Light and Darkness. **Catégorie :** Jeu vidéo. **Modèle :** Ariah.

## ETAINE (light)

**Pourquoi ce costume:** En voyant l'illustration originale de ces deux personnages, nous avons tout de suite eu un coup de cœur pour ces costumes avec ma sœur. J'ai réalisé le côté lumineux de la déesse, étant tombée amoureuse du côté vaporeux et fluide de son costume orné de dentelles. J'ai également pu réaliser un vrai petit travail d'orfèvre en confectionnant son diadème avec minutie. D'ailleurs je l'avais tellement serré qu'après la séance photo, la marque du diadème est restée incrustée profondément sur mon front pendant plusieurs heures !

## ETAINE (darkness)

**Pourquoi ce personnage :** Qui ne rêverait pas d'incarner une déesse? J'aime le style épuré et aérien du costume. Mais l'intérêt était surtout de le faire en duo avec ma sœur et de jouer sur le coté ombre et lumière des personnages.

# MARU ET MARO

**Entre rêve et réalité**

La complémentarité de certains personnages est révélatrice de bien des choses.

Ainsi, si Nikita et Sikay ont été choisies pour représenter la France lors de la finale du World Cosplay Summit en 2010, ce n'est peut-être pas seulement grâce à la beauté aérienne de leurs costumes. Ni à leur prestation impeccable rappelant l'univers raffiné des *haïkus*, ces poèmes japonais, qui, en un battement de paupières, recréent tout un univers élégant et fugace.

Peut-être le jury a-t-il senti que leurs personnages de Maru et Maro, ces jumelles inséparables tirées du manga *XXX Holic*, reflètaient à merveille les liens indestructibles qui unissent les deux cosplayeuses. Car, à la scène comme dans la vie, leur passion commune leur a fait partager des moments inoubliables et, au fil du temps, ces deux surdouées de la couture sont devenues plus que des amies. À l'instar des jumelles Maru et Maro, elles sont devenues presque… des sœurs.

**Personnage :** Marudashi. **Titre original :** XXX Holic. **Catégorie :** Artwork. **Modèle :** Nikita . **Porté lors de :** Japan Expo 2010 et finale WCS à Nagoya en 2010. **Concours :** WCS. **Prix :** 1er prix en France, 4e ex aequo à Nagoya lors de la finale mondiale. **Temps passé à la confection :** 1 an, dont 3 mois tous les jours.

**Personnage :** Marodashi. **Titre original :** XXX Holic. **Catégorie :** Artwork. **Modèle :** Sikay. **Porté lors de :** Japan Expo 2010 et finale WCS à Nagoya en 2010. Concours : WCS. **Prix :** 1er prix en France, 4e ex aequo à Nagoya lors de la finale mondiale..

**Personnage :** Vanilla Mieux. **Titre original :** Sugar Sugar Rune. **Catégorie :** Animé/Manga. **Modèle :** Clef. **Porté lors de :** Japan Expo 10e impact. **Concours :** spécial 10e anniversaire.

# VANILLA MIEUX

Même les plus adorables des *Magical girls* peuvent cacher un côté obscur : Vanilla Mieux, une jeune sorcière douce et réservée, est envoyée sur Terre avec sa meilleure amie Chocola afin de voler un maximum de cœurs de garçons. Celle qui en rapportera le plus sera sacrée reine du royaume magique. Au cours de l'histoire, Vanilla se laissera manipuler et se fera implanter un cœur noir, ce qui la rendra méchante et jalouse.

Mais comme dans tout bon conte de fées (ou de sorcières) qui se respecte, tout finira pour le… mieux !

**Clef:** Lors de mon passage sur scène, j'avais un livre de magie avec des papillons à l'intérieur qui se sont envolés lorsque je l'ai ouvert… Ça a beaucoup impressionné le public, j'ai entendu les gens faire « Oooooh » !

# AMANE MISA

**Suok :** Misa est mon premier cosplay « officiel », et cela n'est pas dû au hasard. Non seulement son costume correspondait tout à fait à mon niveau de couture à l'époque, mais j'ai cru déceler en elle une facette souvent négligée de sa personnalité, ce qui l'a rendue étrangement sympathique à mes yeux.

La plupart des gens qui ont lu (ou vu) *Death Note*, considèrent Misa comme une gentille écervelée, adorablement bête et légèrement cruche sur les bords. Elle serait le parfait personnage kawaii si elle n'évoluait pas dans un univers aussi résolument sombre et violent.

Misa apparaît comme le personnage tragique par excellence, ayant perdu ses parents dans des conditions particulièrement violentes, rattachée à la vie par le seul lien de son amour pour un monstre qu'elle prend pour le sauveur de l'humanité…

**Le passage sur scène :**

Je me souviens de cette prestation comme d'un grand charivari. J'avais prévu de chanter sur la bande originale de la chanson de Misa, car je trouve que c'est le moment de l'animé qui la caractérise le mieux. Elle n'est plus écervelée ni exubérante, au contraire. Elle laisse ressortir la profonde tristesse qui est en elle.

Malheureusement, trop sûre de moi, je n'avais effectué aucune répétition au préalable… Je me suis donc retrouvée à chanter sans entendre le son de ma voix… et le souffle coupé par le serre-taille qui me comprimait le diaphragme ! Pour ajouter au pathétique du tableau, je n'ai pas quitté des yeux le *Death Note* dans lequel se trouvait mon antisèche avec les paroles de la chanson en japonais.

Le reste de notre prestation était un énorme *spoil* ! Nous avons révélé toutes les grandes lignes de la série en trois minutes chrono, jusqu'au dénouement de l'intrigue !

**Personnage :** Amane Misa. **Titre original :** Death Note. **Catégorie :** Animé/Manga. **Modèle :** Suok. **Porté lors de :** Japan Expo 2007, Chibi Japan Expo 2007. **Prix :** 3e prix prestation catégorie Groupe.

Make me
your **girlfriend** !

Amane Misa, *Death Note*

# SHADOW LADY

**La fille des ombres… à paupières.**

Aïmi est une jeune fille timide et réservée qui se métamorphose grâce à une palette de maquillage magique. Un coup d'ombre à paupières noire, et la voici devenue Shadow Lady, une adorable voleuse, aussi coquette qu'exubérante. Un coup d'ombre à paupières rouge, et la voici devenue Cat Shadow : plus sensuelle, mais plus agressive, plus bestiale aussi…

**Personnage :** Shadow Lady. **Titre de l'œuvre :** Shadow Lady. **Catégorie :** Manga. **Modèle :** Miniulala. **Porté lors de :** Epita 2009.

**Personnage :** Cat shadow. **Titre original :** Shadow Lady. **Catégorie :** Manga (de Masakazu Katsura). **Modèle :** Lee Naa. **Porté lors de :** Epita 2009.

# CAT SHADOW

**Lee Naa :** Cela faisait des années que je voulais faire ce personnage, j'adore le caractère exubérant et provocant de Shadow Lady et particulièrement sa transformation en chat. J'ai fini le costume dans les vestiaires, le jour de la convention, mais j'ai renoncé à passer sur scène au dernier moment.

**Personnage :** Oluha. **Titre original :** Clover (de Clamp). **Catégorie :** Manga. **Modèle :** Nikita. **Porté lors de :** Japan Expo 2008. **Concours :** WCS. **Prix :** Représentante française du WCS 2008.

# OLUHA ET SUU

**Une impossible rencontre**

Héroïnes tragiques par excellence, Oluha la chanteuse et Suu la petite fille en cage sont destinées à se frôler sans jamais se rencontrer…

**Nikita :** Oluha est vraiment un personnage à part pour moi. Elle est un paradoxe très harmonieux entre la femme angélique, irréelle, douce et pure et la femme sensuelle et charnelle : la diva. Cette femme est aussi une chanteuse, ce que j'aurais aimé être. L'incarner m'a permis de m'imaginer quelques minutes que je chantais devant les milliers de spectateurs de *Japan Expo*, et au Japon certains l'ont vraiment cru. J'ai choisi en premier lieu le costume blanc aux ailes blanches car l'esthétique de ce costume mêle une robe de scène classique à un univers « angelico-mécanique », quasiment *steampunk*. Les ailes blanches de cette robe sont repliées sur Oluha, comme une forme de protection, le jour où elle doit mourir sur scène. Cette robe traduit bien l'univers du manga Clover, entre pureté et rouerie. Elle représentait aussi un vrai défi technique : réaliser des ailes de cette ampleur, cacher la structure dans une robe moulante et inscrire tout l'univers du manga sur les détails.

**Personnage :** Suu. **Titre original :** Clover de Clamp. **Catégorie :** Manga/Artbook. **Modèle :** Sikay. **Porté lors de :** Japan Expo 2008. **Concours :** WCS. **Prix :** 1er prix en France.

# Créatures FANTAStiques

## Anges et démon

### LE DÉMON DE LA COLÈRE

### RAZEL

**Lee Naa :** J'ai trouvé ce personnage par le biais de cosplayeuses japonaises puis, en me documentant sur le jeu, j'ai découvert que c'était du *yaoï*. L'idée d'incarner un démon gay m'a bien fait rire, donc je me suis lancée.

La veille de la convention, Minako et moi avons passé la nuit à terminer nos costumes dans une chambre d'hôtel. Un bon petit week-end entre amies, la meilleure partie du cosplay selon moi !

*Yaoï* (ou *Boy's Love*) :
Terme utilisé pour désigner
les mangas, les animés ou les jeux
vidéos mettant en scène des relations
homosexuelles entre des hommes,
le plus souvent androgynes
ou efféminés.

**Personnage :** Razel. **Titre original :** Lamento. Beyond The Void. **Catégorie :** Jeu vidéo. **Modèle :** Lee Naa. **Porté lors de :** Manga City (Rennes) 2008.

# FINN FISH

**Clef :** J'ai regardé les 52 épisodes de la série, et je trouve cette illustration de Finn Fish absolument magnifique. J'ai réalisé ce costume pour les présélections du World Cosplay Summit en 2007, mais le bâton s'est cassé en deux le matin du départ, et j'ai été obligée de le recoller grossièrement à la colle à pistolet…

**Personnage :** Finn Fish. **Titre original :** Kamikaze Kaitou Jeanne. **Catégorie :** Artbook. **Modèle :** Clef. **Porté lors de :** Japan Expo 2007. **Concours :** Présélections WCS.

**Personnages :** Rochel. **Titre original :** Angel Sanctuary. **Catégorie :** Manga. **Modèle :** Pichu. **Porté lors de :** Epitanime 2010, Japan Expo 2010. **Concours :** Tonkam. **Prix :** 4e place prix costume à Epitanime, 2e place catégorie Groupe concours Tonkam à Japan Expo 2010.

# ROCHEL

# SORCIÈRES ET MAGICIENNES

## DARK ELF SORCERESS

**Sikay :** C'est par provocation que j'ai choisi d'incarner la sorcière de Warhammer. Pas envers les gens en général, mais plutôt envers moi, et envers mon petit ami de l'époque.

Comme je manquais d'attention de sa part, j'ai peut-être cherché à le faire réagir. Bien entendu, ça a très bien marché !

Porter ce costume est devenu un défi : même si je l'assumais totalement toute seule, chez moi, à l'extérieur, je rentrais en conflit avec mon copain, en plus d'avoir à faire face au regard des gens. Ce qui, forcément, est normal.

Je n'éprouvais pas un besoin particulier à me montrer à moitié nue ! À l'époque, je voulais surtout faire une méchante qui a de la présence, du charisme. Celle-ci correspondait exactement à ce que je voulais. Ce n'est qu'au moment où j'ai commencé à la réaliser que je me suis dit : « Ah, bah, quand même, il n'y a pas beaucoup de tissu ! » (Rires)

L'attitude me plaisait, on la voyait très bien, puisque les deux personnages que nous avons faits avec Nikita (*Nikita faisait la guerrière elfe* N.A.) étaient dans la bande-annonce du jeu au moment où il est sorti. On a eu un vrai coup de foudre pour ces personnages aux personnalités très froides, qui avaient des échanges de regards très forts.

**Personnage :** Dark Elf. **Titre original :** Warhammer Online. **Catégorie :** Jeu vidéo. **Modèle :** Sikay. **Porté lors de :** Epita 2009, Festival du jeu vidéo 2009, Manga Party 2009. **Prix :** 1er prix groupe au Festival du jeu vidéo, 1er prix Groupe costume, prestation, et Coup de cœur à Epita.

# LULU

Lulu, l'élégante magicienne, place sa magie à l'intérieur de sa poupée qui reproduit le moindre de ses mouvements.

Les ceintures placées sur sa robe font penser à d'innombrables ceintures de chasteté… et soulignent le caractère froid et intouchable de cette jeune veuve de 22 ans.

**Personnage :** Lulu. **Titre original :** Final Fantasy X.
**Catégorie :** Jeu vidéo. **Modèle :** Misia.

# PRINCESSE ÉMERAUDE

**La princesse fatale**

Princesse Émeraude est le pilier d'un monde parallèle régi par la volonté, et menacé de destruction. En effet, enfermée par le grand prêtre de Céphiro, elle ne peut plus prier pour sa sauvegarde et son harmonie. Usant de ses pouvoirs, elle invoque alors Hikaru, Fuu et Umi, trois collégiennes destinées à devenir les *Magic Knights* afin de sauver son univers d'une destruction certaine.

**Personnage :** Princesse Émeraude. **Titre original :** Magic Knights Rayearth (de Clamp). **Catégorie :** Manga/animé. **Modèle :** Sikay. **Porté lors de :** Chibi Japan Expo 2008, Cosplay Fnac 2008. **Prix :** 1er prix Costume individuel Chibi Japan Expo 2008, 1er prix Cosplay Fnac.

# Humanoïdes & hoMonculus

Dans nombreux mangas de science-fiction, la limite entre l'homme et la machine s'efface parfois à tel point qu'il devient difficile de distinguer les humanoïdes (robots à forme humaine) des simples mortels. Dans le monde onirique d'un futur lointain, la figure de la femme-robot est souvent idéalisée : force et intelligence supérieures, techniques de combat imparables doublées d'une plastique impeccable. Qu'elles soient issues de la technologie, d'une étrange manipulation mystico-génétique en désaccord avec les lois de la nature, ces véritables forces de la technologie cachent pourtant une fragilité insoupçonnable et restent en quête perpétuelle de leurs lambeaux d'humanité…

## KUSANAGI

**Laly :** Cela faisait des années que je voulais faire ce costume. J'avais craqué en voyant une cosplayeuse américaine le porter à la Comic'con de San Diego en 2000. J'ai dû faire mon costume en cinq jours et je n'ai pas eu assez de temps pour le peaufiner comme j'aurais voulu. Le jour de la convention, il me manquait les épaulettes, les câbles et les lumières dans le casque. Du coup j'ai été bien contente d'être classée troisième en individuel.

**Un fantôme dans le cerveau**

Motoko Kusanagi est un cyborg ultra perfectionné dont la seule partie humaine est le cerveau. Ayant subi sa transportation alors qu'elle était encore très jeune, Motoko n'a plus aucun souvenir de son corps d'origine et se sent parfaitement à l'aise dans son carcan cybernétique. Pourtant, la dernière parcelle d'humanité logée dans sa conscience ne cesse de la hanter… En effet, le mot *ghost* (fantôme) présent dans le titre, est utilisé dans l'œuvre pour désigner l'âme humaine. Le mot *shell* (coquille), quant à lui, sert à désigner l'enveloppe dans laquelle est enfermée cette conscience. Ainsi, au combat qu'elle mène au sein de la section 9, se mêle un autre combat qu'elle doute de pouvoir jamais remporter : celui de son humanité perdue.

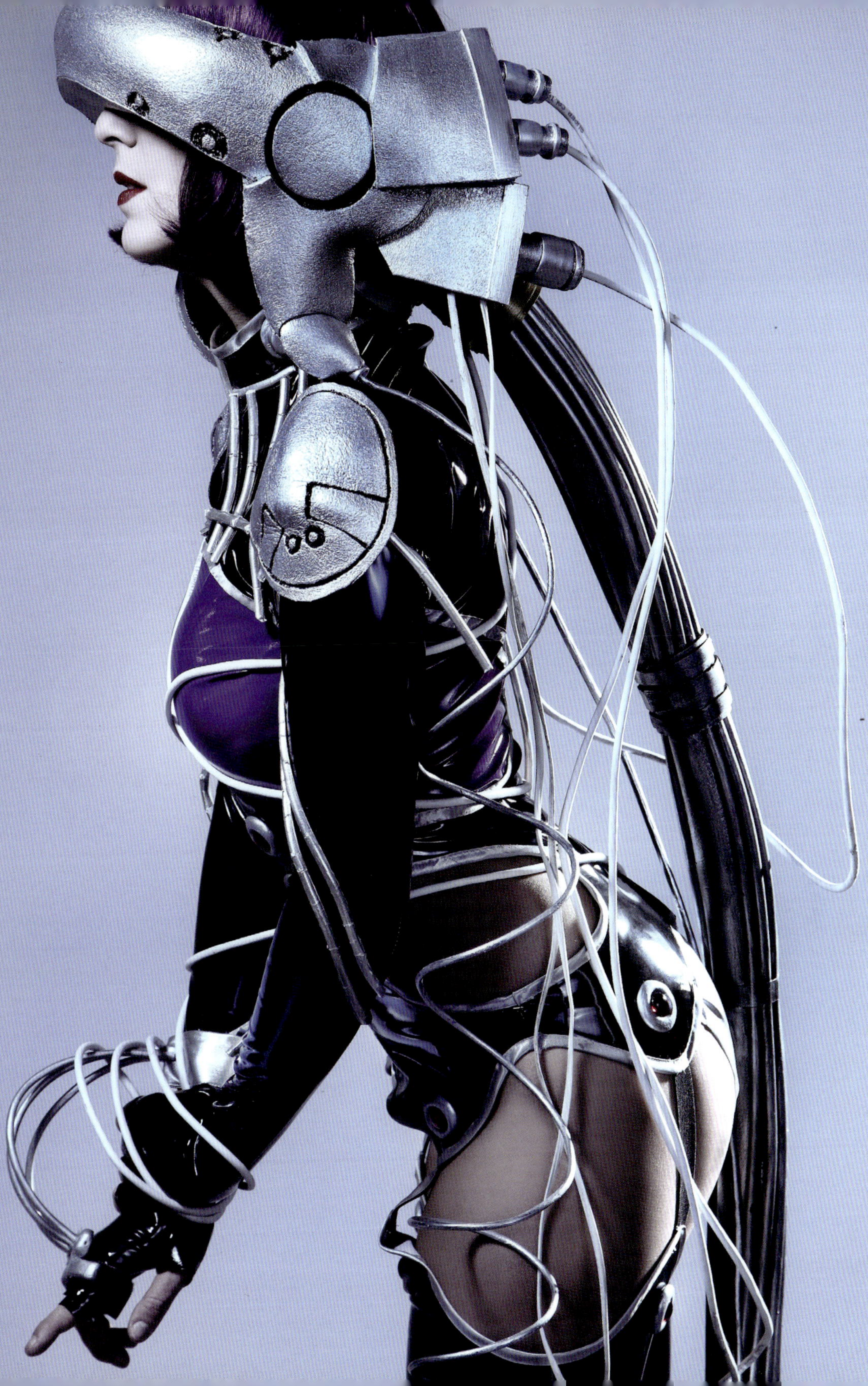

**Personnage :** Motoko Kusanagi. **Titre de l'œuvre :** Ghost in the Shell. **Catégorie :** Animé/Manga.
**Modèle :** Laly. **Porté lors de :** Paris Manga 2008.
**Prix :** 3e prix catégorie Individuel.

# GALLY

Telle une Vénus post-apocalyptique, Gally est née dans la mer de ferraille d'une immense décharge publique. Personnage à la sensualité troublante, combattante féroce en quête perpétuelle de son humanité, la douce Gally n'a aucun souvenir de sa vie passée de cyborg et n'a de cesse de combattre pour retrouver les souvenirs de son identité perdue au cœur d'un monde déchu, où l'humanité a sombré dans la plus extrême violence.

**Personnages** : Gally. **Titre de l'œuvre** : Gunnm . **Catégorie** : Manga. **Modèle** : Sikay.

# MIKU HATSUNE

**Vocaloid, définition**

Le *Vocaloid* est un logiciel de chant de synthèse, développé par Yamaha Corporation. Il suffit d'enregistrer une voix humaine pour que le logiciel synthétise, puis reproduise cette voix dans les chansons. Avec une même voix de synthèse, on peut varier la musique et les paroles à l'infini !

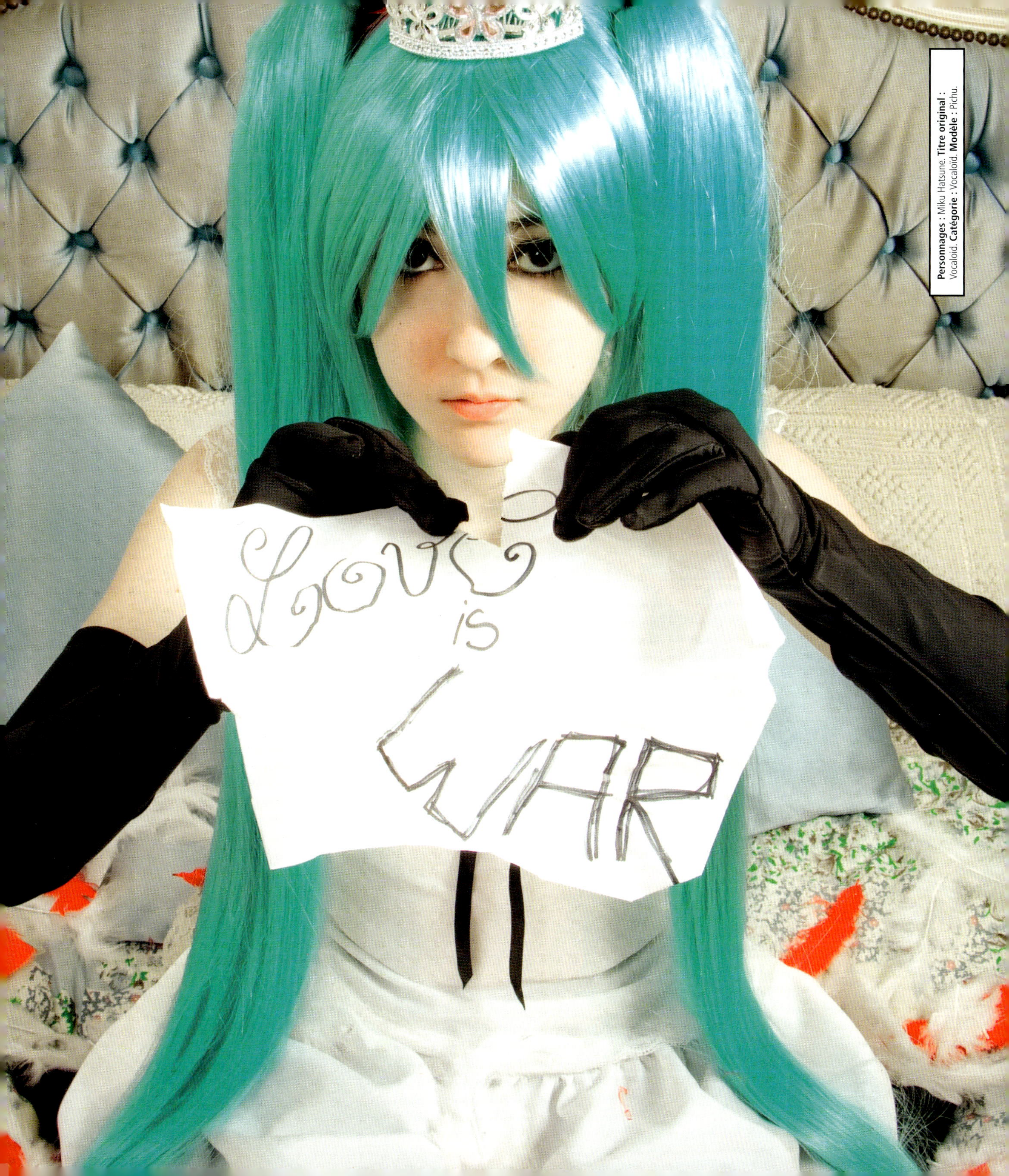


**Personnages :** Miku Hatsune. **Titre original :** Vocaloïd. **Catégorie :** Vocaloïd. **Modèle :** Pichu.

# LUST

**Dangereuse jusqu'au bout des ongles**

Lust n'est pas à proprement parler une humanoïde : contrairement à ses comparses cybernétiques, elle est faite de chair et de sang. Pourtant elle n'a rien d'humain. C'est une homonculus, un être quasi immortel créé artificiellement, et représentant l'un des sept péchés capitaux dans la religion catholique. Comme son nom l'indique, Lust est née sous le signe de la luxure, mais on la surnomme parfois « Lance ultime », en référence à ses ongles, des armes redoutables qu'elle peut déployer à l'infini. Si au premier abord elle apparaît insensible et particulièrement cruelle, son personnage évolue pourtant au fil de la série, où elle finit par trahir des sentiments de plus en plus humains…

**Personnages :** Lust. **Titre de l'œuvre :** Fullmetal Alchemist. **Catégorie :** Manga/Animé. **Modèle :** Suok.

**Suok:** J'aime le côté offensif de Lust, mais également son détachement, sa froideur inhumaine. Elle tue comme elle donnerait un baiser : toujours avec la même sensualité troublante.

Je voulais incarner une femme dangereuse, effacer l'aura de douceur qui émane de moi. Être, pour une fois, non pas celle qui attendrit, mais celle qui inspire la crainte.

Bien entendu, personne n'est dupe : les griffes de ma Lust sont faites en aluminium. Il suffirait d'un simple coup d'œil pour s'apercevoir qu'elles ne sont pas bien dangereuses. En portant ce costume, je me suis rappelé les paroles de la rose dans le *Petit Prince* de Saint-Exupéry lorsqu'elle vantait les mérites de ses quatre pauvres épines : « Quant aux grosses bêtes, je ne crains rien. J'ai mes griffes. » Qu'est-ce que le cosplay, finalement, si ce n'est jouer à être ce que l'on n'est pas ? Si ce n'est créer les protections qui nous manquent ? Exposer fièrement des griffes qui, finalement, ne protègent pas grand-chose ?

L'enfant joue pour appréhender le monde… Pour quelle raison obscure ne pourrait-on pas continuer de jouer, une fois devenu adulte, afin exhumer les doutes, les angoisses, les mauvaises passions ? Lust est le miroir de l'image que je veux donner afin de mieux repousser les autres, de former une barrière de protection afin de cacher ma trop évidente fragilité. Pour cacher, somme toute, ma vraie nature de femme.

# Les GueRrières

*On a tort de croire que les jeux de combat sont réservés exclusivement aux garçons. Loin des champs de bataille, c'est dans la confection des costumes et des accessoires que réside le vrai combat !*

## 1, 2, 3… *Fight !*

**(Ou l'éloge de la force virtuelle)**

Je ne suis rien qu'une faible femme.

Et c'est vrai, je le reconnais… Peut-être que ma tenue était un peu trop moulante ce jour-là. Peut-être.Peut-être que je n'aurais pas dû traîner seule dans un endroit douteux à une heure aussi tardive. Peut-être.Mais je m'étais perdue, j'étais fatiguée et j'avais besoin de repos. Que voulez-vous… je ne suis rien qu'une faible femme.

Parfois la vie est vraiment trop injuste. Ils étaient trois, et moi j'étais seule. Voilà ce que c'est : on a la tête pleine de rêves, d'espoirs et de projets. On pense être invincible jusqu'à ce que trois types mal rasés arrivent et que tout soit réduit à néant. J'ai tout essayé pour me débarrasser d'eux, en vain. On ne peut pas faire entendre raison à ces gens-là. Vous savez, quoi… une fois qu'ils sont partis dans leur délire…

Le pire, c'étaient les autres. Ceux qui passaient, au loin. Qui passaient comme des automates. Faisant mine de ne rien voir, de ne rien entendre. Il ne s'en est pas trouvé un seul pour s'arrêter et crier à l'aide.

Lorsqu'ils m'ont jetée à terre, je n'ai même pas essayé de m'enfuir. J'ai tout juste eu le temps de penser : « Je meurs ». Soudain j'ai vu une chose par terre. Une chose longue et lourde. Je l'ai saisie sans hésiter, et, avec les dernières forces qu'il me restait, je leur ai tous explosé la tronche, à ces immondes bâtards. Et je n'ai pas eu un soupçon de remords en dépouillant leurs cadavres avant de prendre la fuite. Après tout, ils l'avaient bien cherché.

Pourtant, parfois, la vie est vraiment trop injuste… On se croit maligne, et finalement on n'est rien d'autre qu'une stupide et faible femme. Parce que j'étais arrivée jusqu'au niveau 10, voyez-vous. J'étais arrivée jusqu'au niveau 10 lorsque le PC a bogué. Et je n'avais même pas sauvegardé la partie.

## KIRIN ARMOR

**Lee Naa :** J'ai découvert ce personnage par le biais d'une cosplayeuse japonaise qui l'avait incarné à merveille. Lorsque j'ai montré les photos à mon copain, il m'a dit : « Tss, tu n'arriveras jamais à faire ça ! » Du coup, ça m'a mis la rage et j'ai même fait l'épée de deux mètres qui va avec le costume.

En fin de compte, il m'a avoué m'avoir dit ça pour me motiver…

Je devais participer au concours du Festival du Jeu vidéo, mais j'ai eu la flemme de transporter cette satanée épée, du coup je suis rentrée chez moi à mi-chemin!

**Personnage :** Kirin Armor. **Titre original :** Monster Hunter 2. **Catégorie :** Jeu vidéo. **Modèle :** Lee Naa. **Porté lors de :** Manga Party Award 2009, MGS 2010.

**Personnage :** Talim. **Titre original :** Soul Calibur IV. **Catégorie :** Jeu vidéo. **Modèle :** Nikita. **Porté lors de :** Parade d'Osu WCS 2008, Harajuku 2008, Festival du jeu vidéo 2008, Chibi Japan Expo 2008. **Prix :** 1er prix Costume groupe, Festival du Jeu vidéo, 1er prix costume, prestation et coup de coeur à Chibi Japan Expo.

# TALIM

**Nikita :** Ce que j'aime dans le personnage de Talim, c'est que, physiquement, elle me transforme à tel point que les gens ont du mal à me reconnaître. Je suis très différente avec la peau mate et les yeux noirs…

# CAMMY WHITE

**Laly :** Ah, ce bonheur de porter un costume de personnage connu ! J'adore le personnage de Cammy dans *Street fighter*. J'avais fait une version assez horrible en 2002 et je voulais me rattraper, surtout qu'entre-temps j'avais découvert sa tenue bleue avec son petit chapeau. Je voulais porter ce costume à Chibi JE fin 2009 où je devais être jury (j'aime bien quand les jurys sont aussi cosplayés), mais je n'ai pas eu le temps de le terminer. Du coup, je l'ai remisé dans un placard, jusqu'à ce que des amies me proposent de les rejoindre dans un petit groupe *capcom* qui se montait pour le Festival du Jeu vidéo, où nous avons fait une prestation avec du *body combat*. Comme je l'ai dit, pour une fois, j'ai porté un costume que tout le monde a reconnu… Ça fait plaisir de se faire interpeller : « Hey mais c'est Cammy ! »

C'est toujours mieux que d'entendre : « C'est joli mais c'est tiré d'où ? »

**Personnage :** Cammy White. **Titre original :** Street fighter. **Catégorie :** Jeu vidéo. **Modèle :** Laly. **Porté lors de :** Festival du jeu vidéo 2010, Micromania Game Show 2010. **Prix :** 1er prix groupe au FJV.

**Personnage :** Blaze fielding. **Titre original :** Streets of Rage II. **Catégorie :** Jeu vidéo. **Modèle :** Minako. **Porté lors de :** Chibi Japan Expo 2008, Video Games Live (Paris) 2008.

# BLAZE FIELDING

**Minako:** Blaze est forte et sexy. Elle est l'une de mes héroïnes de jeu vidéo préférée. D'ailleurs *Streets of Rage* est une série de jeux qui a marqué mon enfance ! J'ai passé de nombreuses heures à y jouer avec mon frère. Ceci est ma deuxième version du costume, car j'avais déjà réalisé une première version totalement calamiteuse quelques années auparavant. La minijupe rouge a attiré toutes sortes de pervers, mais bon, c'était fidèle au personnage...

# LARA CROFT

**Lili Croft:** J'ai découvert le jeu *Tomb Raider* en 1996, ainsi que Lara, cette femme intouchable, forte, audacieuse, ambitieuse, cultivée… et fatale!

Toute petite, je m'amusais à me prendre pour elle, je me faisais peur toute seule en essayant de parcourir le jardin en pleine nuit!

Le cosplay m'a permis de rencontrer beaucoup de gens partageant la même passion, dont certains avec qui je suis devenue très proches.

Mon but est de ressembler au maximum au personnage! Pour moi, ici, « l'habit fait le moine » !

**Personnage :** Lara Croft. **Titre de l'œuvre :** Tomb Raider. **Catégorie :** Jeu vidéo. **Modèle :** Lili Croft.

LARA CROFT
TOMB
RAIDER
LEGEND
TOMB
RAIDER
LEGEND

# BLACK CANARY

Célèbre pour son « cri du canari » supersonique et hautement destructeur, cette justicière fait régner l'ordre dans la ville en se battant contre les super-vilains !

Black Canary est tirée de l'univers de DC comics. Elle fait partie de la Ligue de justice d'Amérique dont les autres membres ne sont autres que Batman, Superman, Flash ou Green Lantern…

**Clef:** J'avoue avoir eu un faible pour le côté *kick ass* de Black Canary avec ses bas résille et ses chaussures qui écrasent tout !

**Personnage :** Black Canary. **Titre original :** Justice League of America-Birds of Prey. **Catégorie :** Comics. **Modèle :** Clef. **Porté lors de :** Paris Manga 2009, Scifi Convention 2010. **Prix :** Prix du public.

# CréatiOn
## Le rêve inachevé

La création a été reconnue officiellement depuis très peu de temps dans le milieu du cosplay, où les avis concernant cette catégorie sont assez mitigés. Les puristes affirment que la création de costumes ou l'incarnation de personnages sans aucun appui visuel est par essence opposée au principe même du cosplay.

Pourtant elle a depuis peu été reconnue par les organisateurs de concours, devenant une catégorie à part entière.

Il est amusant de noter que le cosplay, forme d'art marginale – tendant à se démocratiser, mais marginale tout de même –, possède ses propres lois strictes et académiques, et est scindé entre les puristes et les novateurs.

Les créateurs amènent dans le cosplay un nouvel élément de jeu : si dans le cosplay classique on peut considérer les cosplayers en tant que régisseurs, costumiers et acteurs de leur propre spectacle (ce qui en soit est déjà énorme !), les créateurs, quant à eux, endossent qui plus est le rôle d'auteur de leur spectacle.

## PIRATE

**Nikita :** Nous avons porté notre création de pirates (avec Sikay) à *Chibi Japan Expo*, en déambulant dans les allées et en balançant des bourses de pièces d'or en chocolat sur tous les stands en disant : « On veut ça, ça, ça… Est-ce que ça ira ? » Tout en titubant à moitié pour faire croire que nous avions bu beaucoup trop de rhum, nous faisions exprès de loucher, de fermer un œil. Nous avions l'air saoules sans avoir pris une goutte. Ça nous a changées de nos rôles élégants. C'était assez drôle de se plonger dans la nonchalance et la « craditude ».

**Personnage :** Amila Black Jubilee. **Catégorie :** Création originale pirate. **Modèle :** Nikita **Porté lors de :** Chibi Japan Expo 2009. **Concours :** Cosplay général. **Prix :** Prix de la création originale.

# PIRATE

**Minako :** D'aussi loin que je me souvienne, j'ai toujours adoré les pirates et leur univers ! Un jour, je suis tombée sur un design de *Pirate fantasy*, superbe et sexy : il me le fallait absolument ! Mais lorsque j'ai montré l'image, évidemment, tout le monde a voulu le même... J'ai donc proposé un groupe où tout le monde ferait le même costume, mais dans une couleur différente. J'ai eu du mal à trouver le tissu pour ce costume... L'idée était d'utiliser du brocart chinois pour tout le monde. Je voulais absolument du noir avec du doré, mais impossible de trouver ça à Paris, les broderies étaient invariablement bariolées... Je me suis donc résolue à commander sur le Net. Surprise ! Le tissu est arrivé avec des broderies dorées et... rouges ! Heureusement qu'à la base j'avais décidé d'utiliser le rouge comme couleur contrastante... Mais si j'étais partie sur une autre couleur, j'aurais été bien embêtée !

**Personnage :** Capt'n Black Bernice Bonnet. **Catégorie :** Création originale. **Modèle :** Minako. **Porté lors de :** Japan Expo 2007, Festival, Delcourt/Harajuku 2007. **Prix :** 3e place catégorie individuel à Harajuku.

# CATTLEYA

**Personnage :** Cattleya. **Catégorie :** Création originale inspirée de Sakizou. **Modèle :** Sikay.

Il y a un **monstre** en toi.
Pour lui survivre, tu n'as pas mille possibilités.

Tu peux tenter de te **cacher**.

Tu peux tenter de le **combattre**.
Mais tu peux aussi faire un autre choix.

Tu peux choisir de **devenir** ce monstre.

# ANGE

**Suok :** Ange Holloway est un personnage tout à fait unique et particulièrement cher à mon cœur. Pas seulement parce que j'ai adoré réaliser son costume : une robe en lambeaux d'organza de soie ainsi qu'une carcasse d'ailes rappelant le mélange paradoxal et intéressant d'un délicat ouvrage en dentelle et du piquant des barbelés en fer, mais également parce que c'est le personnage qui me ressemble le plus, aussi bien physiquement qu'intérieurement.

Et pour cause, je l'ai créé à mon image… Ange sera l'héroïne de mon prochain roman *Virginia Columbine*.

Le contact visuel avec mes personnages m'est primordial, je les dessine toujours avant de commencer à écrire leurs aventures. En réalisant le cosplay d'Ange, je me suis littéralement mise « dans sa peau », connaissant, en tant qu'auteur, la sensation étrange, pénétrante et inégalée de ne faire plus qu'un avec son héros de papier…

Le décor est situé dans une ancienne grange à maïs. Je l'ai trouvé idéal : glauque, légèrement futuriste, avec un côté *steampunk* qui lui donne un aspect sombre et décalé.

**Personnage :** Ange Holloway.
**Catégorie :** Création. **Modèle :** Suok.

# Les ConventiOns

Il n'y a pas de meilleur endroit pour un cosplayeur qui veut porter son costume en public qu'une convention. Mais une convention, qu'est-ce que c'est, exactement ? À mi-chemin entre un salon et un festival, c'est un événement qui rassemble les fans de mangas, de jeux vidéo, d'animés, ou tout simplement de cultures de l'imaginaire dans un lieu donné, l'espace d'une ou de plusieurs journées.

Servant souvent à promouvoir la culture pop asiatique (conventions Japanim), on y retrouve souvent des activités liées à la culture populaire américaine ou occidentale.

## JAPAN EXPO

C'est la plus grande convention Japanim d'Europe ! Située au Parc des expositions à Paris-Villepinte, on y trouve à peu près tout pour faire le bonheur d'un fan de la culture asiatique, sans compter qu'avec plusieurs concours de cosplay par jour dont les présélections du World Cosplay Summit en France, c'est un passage obligé pour les amoureux du cosplay ! En une dizaine d'années, la fréquentation de *Japan Expo* a littéralement explosé, en passant de 3200 visiteurs en 1999 à plus de 180 000 en 2010 !

Mais il y a aussi : Paris Manga, Harajuku, Mang'azur, Cartoon Beach… Lorsqu'il s'agit de conventions Japanim, ce n'est pas le choix qui manque !

Sans compter que depuis quelques années, d'autres organismes comme le Salon du livre, la Fnac ou les Galeries Lafayette organisent régulièrement des concours de cosplay pour promouvoir la sortie de livres ou de jeux vidéo. Ainsi, les cosplayeurs créent en partie le spectacle… et peuvent remporter de magnifiques cadeaux !

Que trouve-t-on dans une convention ? Il y en a pour tous les goûts ! Que l'on choisisse de se fondre dans la foule pour se promener au hasard des allées, de participer aux nombreuses activités proposées ou de concourir sur scène, chacun est à la fois spectateur et acteur, faisant de chaque convention un moment unique et amusant !

Voici quelques exemples de ce que l'on peut y trouver :

- Des concerts et des défilés ;
- Des stands, des ateliers, et des conférences ;
- Des séances de dédicaces et d'autographes ;
- Des *fanzines*, des boutiques, des distributions de bonbons ou de goodies ;
- Des diffusions de films ou d'animés ;
- Des jeux, des concours et des quiz ;
- Et, bien entendu, du cosplay…

# Petit lexique du cosplay

## Anime ou Animé :
Dessin animé japonais. Bien que ce ne soit pas toujours le cas, nombre d'animés connaissent leur extension sous forme de mangas (et vice versa).

## Convention Japanim :
Convention étalée sur une ou plusieurs journées, et centrée autour de la culture populaire asiatique : mangas, jeux vidéo, animés...

## Cosplay placard :
Littéralement, c'est un cosplay tiré d'un... placard ! Les différentes pièces du costume ne sont pas fabriquées, mais achetées ou assemblées à partir de ce que l'on trouve dans sa penderie. Ce genre de cosplay, éliminatoire dans le cadre d'un concours où le costume doit être fabriqué de ses mains, est particulièrement utilisé pour incarner des personnages aux costumes simples.

## Crossplay :
C'est un cosplay croisé. Autrement dit un terme servant à désigner une personne revêtant un cosplay d'un personnage de sexe opposé.

## Harajuku :
Quartier branché de Tokyo où se mélangent tous les styles vestimentaires. C'est également le nom d'une convention française.

## In-character :
Dans le cosplay, être *in-character* désigne la capacité à adopter le comportement d'un personnage donné, autrement dit à « rentrer dans sa peau » en adoptant ses mimiques, sa voix, sa démarche...

## Kawaii :
Mignon, adorable en japonais.

## Lolicon :
Contraction de *Lolita* et *Complex,* ce terme s'apparente aux hommes attirés par les jeunes filles à peine entrées dans l'adolescence. Lorsqu'il est utilisé dans les mangas, il est attribué aux personnages à l'apparence très juvénile.

## Manga :
Terme inventé par le peintre japonais Hokusai Katsushika, signifiant « esquisse spontanée ». Le manga est un ouvrage littéraire japonais dont la forme d'expression graphique s'apparente à la bande dessinée. Souvent publié dans son sens de lecture original (de droite à gauche, comme au Japon). Le dessinateur de mangas est appelé « mangaka ».
Les mangas sont classés en plusieurs catégories (shonen pour les garçons, shōjo pour les filles...)

## Noob/Newbie :
Personne qui débute. Dans le cosplay, c'est un terme souvent péjoratif, synonyme de « personne qui pose beaucoup de questions », notamment sur les forums spécialisés. Certains s'en offusquent, répondant systématiquement à toutes les demandes par la même phrase : « Google est ton ami. » D'autres considèrent qu'il est normal pour un débutant d'être perdu dans un milieu qui a ses propres règles et se font un plaisir de partager leur savoir-faire en postant des tutoriels dans les sections spécialisées.

## Otaku :
Mot japonais désignant celui qui se coupe du monde extérieur. Par extension, ce terme est souvent utilisé de manière péjorative pour désigner une personne nourrissant une passion obsessionnelle pour le monde virtuel. Les cosplayeurs ont été longtemps assimilés à des otakus.

# Les bonnes adresses du cosplay

http://www.creativarium.com/
Site professionnel de fabrication d'accessoires réalisés par un cosplayeur de talent.

http://www.cosplay.com/
Communauté internationale de cosplay.

http://www.cosplay-it.com/
Site communautaire français autour du cosplay.

http://www.cosplayforum.com/
Forum cosplay.

http://www.costumersguide.com/
Site contenant une importante base de données portant sur les costumes de films.

http://www.cosplay-mag.com
Le magazine web du cosplay.

**Personnage :** Eternal Sailor Venus. **Titre original :** Sailor Moon. **Catégorie :** Animé. **Modèle :** Minako. **Porté lors de :** Paris Manga 2008, Japan Expo 2009. **Prix :** 2e prix catégorie Groupe à Paris Manga.

# Merci

**Remerciements de Suok (Eugénie Chidlin)**

Je remercie Laly, Lee Naa, Minako, Misia, Nikita, Sikay, Clef, Ariah, Judykael et Nash pour le talent, la patience, l'énergie et la passion qu'elles ont mis dans la réalisation de ce livre.

Je remercie Andy de s'être si facilement laissé convaincre de me suivre dans ce projet fou.

Je remercie mon éditeur pour m'avoir permis de concrétiser ce projet.

Je remercie les photographes Florian Fromentin, Ryuu, Julien Rico, Laurent Dubois, Sulvain Lebon, ainsi que les modèles Pichu, Lili Croft, Shoko, Zedrielle et Miniulala, pour avoir complété les photos de ce livre.

Je remercie le « Créativarium » pour avoir aidé à la confection de certains accessoires.

Je remercie le Relais de la Benerie, le cirque Fratellini et le manoir de Varennes pour avoir mis à notre disposition de merveilleux décors.

Je remercie mes parents pour leur aide et leur soutien.

Je remercie également Christian Pagano, Bernard, Benoît, Élodie, Davou (désolée pour le passage à l'hôpital !), Jenn, Anat, Armand, JP, Sylvain, ainsi que tous ceux qui, de près ou de loin, ont aidé à la réalisation de cet album.

**Remerciements d'Andy Julia**

Les même que Suok, ainsi que :

Anna Telia, Chad Pysson, John Touati, Franck Spengler, Hugues de Saint Vincent et Stéphanie Aguado.

Ainsi que Lydia, Bernard, Anatole, David&La collectionneuse de Poupées.
Ma Diane.